원뿔 혁명

원뿔 혁명

발행일	2015년 6월 17일		
지은이	배 찬 중		
펴낸이	손 형 국		
펴낸곳	(주)북랩		
편집인	선일영	편집	서대종, 이소현, 김아름, 이은지
디자인	이현수, 윤미리내	제작	박기성, 황동현, 구성우, 이탄석
마케팅	김회란, 박진관, 이희정		
출판등록	2004. 12. 1(제2012-000051호)		
주소	서울시 금천구 가산디지털 1로 168, 우림라이온스밸리 B동 B113, 114호		
홈페이지	www.book.co.kr		
전화번호	(02)2026-5777	팩스	(02)2026-5747

ISBN   979-11-5585-630-7 03320(종이책)   979-11-5585-631-4 05320(전자책)

성공의 패러다임은 실패했다

원뿔 혁명

live a satisfying life

배찬중 지음

인생에 정답은 없다

인생의 답을 찾는 과정을 처음 해보는 사람에게는 고전(古典)의 가르침
이 소중한 나침반 역할을 해 줄 것이라 믿는다.

북랩 book Lab

원뿔과 성공 패러다임

등산을 전문적으로 하는 알피니스트(alpinist)들은 산을 정복했다는 표현을 하지 않는다고 한다. 산은 정복의 대상일 수 없다는 겸손의 표현이리라. 대신 그들은 등정登頂이라는 표현을 쓴다고 한다. 한자漢字 그대로 정상에 오른다는 의미다.

그런데 가만히 보면 우리네 인생사도 산을 오르는 것과 크게 다르지 않다. 자신의 역량과 크기에 맞는 산을 타야 한다는 점도 그렇고, 산을 오르려고 사전에 준비해야 할 것이 많다는 것도 그렇다. 그리고 올라가면 내려와야 한다.

막연히 산이라고 얘기하지만 산에도 종류가 많다. 청계산 같이 초보자도 가볍게 탈 수 있는 산이 있는 반면, 에베레스트같이 전문 산악인들도 오르기에 버거운 산이 있다. 하지만 전문가든 비전문가든 많은 사람들이 산을 타고, 산을 좋아하는 사람들이 많다.

그런데 그들의 실력에 상관없이 등산을 하는 데에는 공통점이 하나 있다. 준비하는 데 시간과 비용이 많이 들고, 오랜 시간 올라야 하지만 정상에 서 있는 시간은 극히 짧다는 점이다. 정상을 바라보고 올랐지만 그곳은 잠시 머물러야 하는 곳이다. 정상에서 바라보는 풍경이 아름답다고 오래 머물다가는 자신의 생존이 위협받을 수도 있기 때문이다.

그러나 등산과 인생사가 극명히 대비되는 지점이 있다. 산의 높이는 유한하지만 사람이 생을 살면서 타야 하는 가상의 산 높이는 무한하다는 점이다. 사람의 욕심은 무한하다. 그래서 그 욕심의 크기만큼의 높고 낮은 산을 여러 개 탄다.

나는 이 가상의 산을 '원뿔'이라 표현했다. 이 책에서는 성공, 탐욕 등의 단어로 치환할 수도 있다. '원뿔타기'는 성공을 위해 몸부림치는 우리 자신의 모습을 한 단어로 표현한 것이다. 원뿔은 올라야 하는 대상이긴 하지만 반드시 내려와야 하는 것이기도 하다. 탐욕이 강하면 오르는데 정신이 팔려 내려올 줄을 모른다. '균형 감각(balance)'을 잃는 것이다. 균형을 잃으면 쓰러진다. 성공과 탐욕에 매몰돼 자신을 잃어버린 우리 자화상에 큰 변화가 필요하다. 나는 그러한 자기 스스로의 변화를 '원뿔 혁명'이라 명명했다.

원뿔 혁명은 성공하지 말자는 얘기가 아니다. 그런데 성공만을 지향하면 자기를 잃고, 가족도 잃고, 행복을 포함한 많은 고귀한 가치들도 잃는다. 경주마처럼 눈을 가리고 있어서 앞만 보이고, 결승점만 보인다. 그러면 주위를 둘러볼 여유가 없게 된다. 결국 성공만 남고, 다른 고귀한 가치는 모두 잃게 된다. 여기에 균형점을 가졌으면 하는 마음이다. 적정한 선에서의 하산이 정상에 오르지는 않았지만 스스로를 정점에 서게 할 수 있다. 그럼 성공도 행복도 모두 가질 수 있다. 균형 감각을 가지면 많은 가치들을 스스로 경험해볼 수 있다. 그렇게 된다면 행복해지기 위해 꼭 성공할 필요가 없게 된다. 성공을 거치지 않아도 행복을 찾기가 쉬워진다.

우리 사회가 지금 이 상태로 좀 더 지속이 된다면 머지않아 붕괴될지도 모른다. 사회가 균형을 잃고 너무나 한 방향으로만 치닫고 있기 때문이다. 사회 붕괴로 개인들은 엄청난 고통을 받을 것이다. 내가 고통받는 것은 그나마 괜찮다. 하지만 목숨보다 소중한 우리 자식 세대들도 이 땅에 살아야 한다. 그들이 극심한 고통 속에서 살아야 한다는 걸 상상하면 내가 겪을지 모르는 고통보다 심한 아픔으로 다가온다. 그래서 우리 사회도 건전한 방향으로 바뀌길 바라고, 거기에 조금이나마 힘을 싣고 싶다.

　우리 사회는 분명 성공지향 사회다. 성공의 패러다임이 경제개발 이후 우리나라를 지배해왔다. 그런데 이 성공 패러다임의 결과는 매우 비참하다. 청년층은 진학과 취업의 고통 속에 살고 있고, 중·장년층은 고용 불안과 조기 퇴직의 두려움 속에 살고 있다. 노년층 또한 준비하지 못한 노후 대비로 빈곤 속에 살고 있다. 전 계층이 모두 고통받고 있는 이상한 사회를 만들어 버렸다. 개인들이 균형 감각을 잃어버리니 사회도 균형 감각을 잃어버렸다. 나는 이러한 성공 패러다임을 복기해봤다. 성공 패러다임은 1990년대까지 우리에게 잘 맞았다. 그때까지만 해도 전 국민이 미래에 대한 희망을 안고 살았다. 삶의 수준은 시간이 갈수록 개선이 됐다. 그런데 신자유주의가 본격적으로 들어온 IMF시대 이후에는 이런 성공 패러다임이 우리에게 전혀 맞지 않는 틀이 되어버렸다. 극심한 부익부 빈익빈으로 극소수 부유층을 제외하고는 대다수가 힘들어하는 삶을 살고 있다.

그런데도 우리 대부분은 여전히 과거에 성공했던 성공 패러다임에 매달려 있다. 실패한 방식을 여전히 고수해서 더 큰 재앙을 낳고 있다. 나는 이 점을 지적하고 싶었다. 모두가 성공만을 지향하면 모두가 힘들어진다. 지난 50년간 우리 사회를 지배했던 성공 패러다임 대신 이제는 나를 찾고, 행복을 추구했으면 좋겠다. 그래서 이런 갑갑한 상황이 조금이라도 개선되었으면 하는 생각이 간절하다. 이 땅은 나만이 아닌 나의 자식과 그 후손들도 살아야 하는 곳이다. 5,000년간 이어온 사회다. 절대 우리만의 것이라고 생각해서는 안 된다. 지속 가능한 사회로 후대에 물려줘야 한다. 우리 대에서 이 사회를 붕괴시켜서는 안 된다. 그러기 위해서는 사회의 균형 감각도 절대 필요하다.

나는 개인의 행복과 건전한 사회 둘 다를 얘기하고 싶었다. 이 둘은 독립된 개체가 아니다. 둘 다 서로 연결돼 있다. 나의 행복만을 혹은 건전한 사회만을 추구할 수는 없다. 조르바 붓다처럼 한 몸인 것이다.

이 책의 큰 주제는 "균형 감각"이다. "스스로 만족하면知足, 나는自我, 主導, 행복幸福해진다"는 내가 이 책을 통해 전하고자 하는 작은 주제이다. 지족知足과 주도主導는 노자老子 도덕경道德經의 주요 개념인데 거기에다 나는 행복을 더했다. 지족, 주도, 행복을 파고들다 보면 이들 각 밑바탕에는 어김없이 균형 감각이 있음을 알 수 있었다. 이 책에서 다양한 이야기를 하는 것 같지만 결국은 개인과 사회의 지속적인 안녕安寧에 꼭 필요한 이 네 가지 요소를 얘기한다.

치열한 사회생활을 하면서 자유와 행복에 대한 갈증이 컸다. 그 갈증의 근원을 찾아가는 과정에서 노자와 니체를 알게 되었다. 2,000여 년이 넘는 시간 사이에서, 동양과 서양의 이 두 철학자는 비슷한 생각을 하고 있었다. 특히 노자의 도덕경은 나의 자유에 대한 목마름을 해소하는 데 많은 도움을 주었다. 그러나 노자가 완전한 답은 아니다. 그를 존경하지만 그를 맹신하지는 않으며, 그의 말만이 정답은 아니라고 생각한다. 이 책의 일부 내용은 노자의 생각과 다른 얘기도 있다. 인생에 정답은 없다. 자신의 인생에 대한 답은 스스로 찾아야 한다. 다만 인생의 답을 찾는 과정을 처음 해보는 사람에게는 고전古典의 가르침이 소중한 나침반 역할을 해 줄 것이라 믿는다.

원뿔 혁명은 도덕경에 나오는 "만족함을 알면 욕됨을 당하지 않고, 그칠 줄을 알면 위태롭지 않으니 이로써 오래도록 지속할 수 있다知足不辱 知止不殆 可以長久"나 "공을 이루면 몸은 물러나는 것이 하늘의 도이다功遂身退 天之道"의 다른 표현이다. 노자는 도道를 '강한 것이 극에 달하면 약하게, 약한 것이 극에 닿으면 강하게 만드는 세상 만물자연법칙의 원천'으로 보았다. 도가 균형 감각으로 읽힐 수 있다. 균형 감각을 가지고 스스로 원뿔 혁명을 하면 이 각박한 세상 속에서도 중심을 잃지 않고, 행복에 보다 쉽게 다가갈 수 있을 것이라고 생각한다.

그러나 나는 이 책이 '누구의 말이 맞는 것 같으니 그의 말을 그대로 따르라'는 게 아님을 분명히 하고 싶다. 세상사 모든 것은 스스로 깨치고, 이를 통해 체득해야만 자신의 것이 될 수 있다. 또한 나는 감히 남의 인생에 훈수를 둘 형편이 못 되며 그리고 싶지도 않다. 다만 같은 시대에 사는 한 필부가 비주류의 시선으로, 한 방향으로만 쏠리는 개인과 사회에 또 다른 면을 제시하는 것으로만 이해해 주시면 좋겠다. 넓은 아량과 관대한 마음으로 읽어주시길 부탁드린다.

　앞으로도 힘든 시간이 있을 것이다. 뒤돌아보면 그때그때 힘들지 않은 순간은 없었다. 또한 지나고 보면 그 힘든 시간 속에도 행복의 순간은 많이 있었다. 우리 모두 행복의 순간순간을 많이 쌓아갔으면 좋겠다.

　이 책에서 여러 선배의 고귀한 글과 말씀을 군데군데 인용했다. 선배들의 가르침이 무지한 나를 많이 깨우쳐 주었다. 그들에게 깊은 존경과 감사의 마음을 드린다.

2015년 6월
배찬중

차례

제1장

잃어버린 나를 찾아서

···경계면에 서라···

'주인으로서 살고자 하는 열망'은 인간으로서는 당연한 일이다. 그런데 우리가 노예가 아닌 주인으로 살고자 하는 데 가장 큰 방해 요인이 있다. 역사와 사회구조를 통해 보면 그건 극소수의 지배 계층이다. 이 극소수의 지배 계층은 형태와 이름만 바뀌었을 뿐 그 본질적인 면은 전 시대를 통해서 비슷한 양상으로 나타난다.

중세에는 종교지도자들이 극소수의 지배 계층이었고, 절대왕정 시대에는 왕과 왕족이 그들이었다. 하이퍼인플레이션 시대 이후 독일과 러시아에서는 재벌과 지주층(융커), 군산복합체, 농공복합체, 에너지 기업이 사회 전체를 지배했다. 중남미는 식민지 시대 이후 가벌 지주家閥地主가 지배 세력이었으며, 미국은 금융자본의 이익에 부합되게 사회가 움직였다. 아니 그들이 사회를 움직였다고 하는 게 맞을 것이다. 우리나라는 이제 재벌 중심의 사회라고 할 수밖에 없다.[1]

1　세일러 지음, 『착각의 경제학』, 위즈덤하우스, 2013, 1장 '자본주의에 대한 오해' 중 일부 내용을 요약·정리했다.

인간이 사회화하고, 뭉쳐 살기 시작하면서부터는 개인 간의 우열이 나타날 수밖에 없다. 우열보다 서로의 '다름'을 이해했다면 계급, 계층이 없이 다 같이 잘살고, 극도의 부익부 빈익빈은 없었을 것이다. 그러나 강한 자는 약한 자를 지배하고자 했고, 힘이 없는 사람이 자신도 주인으로 살겠다는 의지를 여러 가지 제도와 부지불식간의 세뇌 과정을 통해 말살해 왔다. 왜냐하면 약한 자들이 주인의식을 가지기 시작하면 자신들이 세상을 통치하는 데 어려움을 겪기 때문이다.

우리가 스스로를 '자유인'이라고 한다. 자유 민주주의 체제하에서 누구의 간섭도 받지 않고 자신의 삶을 스스로 이끌어간다고 생각한다. 그러나 대부분은 착각을 하고 있다. 자신은 이 사회 시스템에서 자신도 모르는 사이에 조금씩 자신을 잃어 버렸다. 이 시스템 속의 노예[2]가 되었음을 깨닫지 못하고 있을 뿐이다.

철학자 중에서 이렇게 억압받는 대다수의 사람들에게 스스로 깨어나 주인으로서의 삶을 살도록 도움을 주고자 한 사람들이 있다. 그들은 지배 계층이 주입한 이데올로기에서 벗어나 개인의 자유의지, 제도와 형식에 얽매이지 않는 삶을 살 수 있는 고귀한 가르침을 주었다. 2,500년 전의 노자老子가 그 대표 철학자다.

노자는 춘추시대 말기 사람이다. 흥미로운 것은, 동양철학의 주류 학파인 유학을 만든 공자孔子와 동시대 사람이라는 점이다. 이 철학의 두 거인이 한 시대에 살았다. 그들이 서로 간에 교류했다는 기록도 남

---

2 여기서 노예는 계급상의 노예가 아닌 주인의 반대되는 개념이다.

아 있다. 그런데 시간이 지나 고대 중국의 통치자들과 그 계승자들은 유학사상을 국가 지도 이념으로 채택했다. 그 결과 유학은 중국뿐만 아니라 한국, 일본, 베트남 등 한자 문화권 전반에 아직까지 그 영향력을 끼치고 있다. 그러나 노자는 사상이 왜곡되며 서서히 잊히기 시작했다.

우리는 학교에서 철학을 배운 것으로 생각한다. 나도 그랬다. 나와 비슷한 세대들은 '국민윤리' 시간에 철학을 배웠다. 그런데 지나고 보니 그건 철학이 아니었다. 단지 철학사哲學史만 배웠던 것이다. 노자에 대해 기억나는 건 무위자연無爲自然 사상이다. 그런데 그게 뭔지 잘 모르고 외우기만 했다. 사실 무위자연이란 말도 잘못 가르친 거다. 노자와 장자를 묶어 표현했는데 이 둘의 사상은 비슷한 것 같지만 다르다. 이런 교육은 정말 아무런 소용이 없다. 철학에 대해 학생들에게 잘못된 선입관만 키울 뿐이다. 처음부터 철학은 따분하고, 재미없는 것이라고 교육한다. 그래서 학생들은 교과서를 덮는 순간 철학을 멀리한다.

철학은 사랑의 학문이다. 사랑하니까 알고 싶고, 알고 싶으니 깊이 생각하게끔 하는 학문이다. 지배자들은 철학의 싹을 자르고 싶어 한다. 스스로 생각하는 힘을 없애고 싶어 한다. 피지배층이 우매해야 자신의 위치가 위협받지 않기 때문이다. 자신들의 통치, 지배에 유리하게끔 변형한 철학을 강요하기도 한다. 부지불식간에 피지배층은 이런 변형된 사상에 익숙해지고, 이를 당연시하게 된다.

우리가 예전에 비해 많이 배우고, 뭔가 성숙한 것 같은데 사회생활을 해보니 여기저기서 한계를 느끼게 된다. 최근 들어 우리 사회에 인문학의 열풍이 부는 것에는 이런 배경이 있다고 생각한다. 학교에서 배운 것과 사회에서 실제로 부딪히며 느끼는 것에 괴리가 너무 크기 때문이다. 그래서 무언가를 성취한 거 같기는 한데 자신의 삶이 공허하고, 의미가 없는 것 같다. 뭔가 돌파구가 필요하다고 느낀다. 그래서 '입시와 취업에 도움이 되지도 않는' 인문학에 대한 갈망이 커졌다고 생각한다.

노자의 도덕경道德經을 학생 때 읽은 적이 있다. 그런데 무위無爲에서 막혔다. 그간의 도덕경 번역서에서 무위의 개념을 잘못 설명했기 때문이다. 그래서 도덕경이 어려웠다. 무위가 풀리지 않으면 도덕경을 읽을 수가 없다. 그런데 최근에서야 무위의 개념을 이해했다. 그러니 도덕경이 새롭게 읽혔다. 위대한 책이다.

내게 이 무위 개념을 명확히 풀어준 사람은 서강대 철학과 최진석 교수다. 우연히 EBS에서 노자를 강의했던 그를 봤다. 정말 나에겐 행운이었다. 그날로 그의 노자 강의 14편을 모두 찾아봤다. 정말 재미있었다. 그리고 도덕경을 다시 읽었다. 이해가 쉬웠다. 내가 막연히 갑갑해하던 주인으로서 삶에 대한 명쾌한 답을 주었다.

무위無爲는 문자 그대로 '아무것도 안 하는 것'이 아니다. '행함이 없다', '함이 없으면서도 하지 않음이 없다' 등으로 해석하는 순간 노자에 대한 오해가 발생하고, 도덕경은 이해할 수 없는 책으로 바뀐다. 최진석 교수는 무위無爲를 "기존의 이념, 지식, 개념, 가치관을 버리고, 자신의 힘, 주도권으로 행동하는 것"으로 해석했다. 무위를 글자 그대로 해석했던 그간의 번역서와는 달리 도덕경 전체의 맥락에 맞게 글자 이면의 의미도 함께 제시했다. 유위有爲는 반대로 기존의 이념, 지식, 개념, 가치관 등에 맞게 행동하는 것을 말한다.

노자의 핵심 사상은 유무상생有無相生이다. 유위有爲와 무위無爲가 서로 조화롭게 서로를 발전시키는 것이다. 기존의 이념, 지식, 개념, 가치관 등에 기대서 우리가 이 세상에 사는 것이 유위인데, 유위를 통째로 버릴 수는 없다. 사회의 기본 질서가 무너질 것이기 때문이다. 그런데 유위만 가지고 살 수는 없다. 그러면 사회가 정체한다. 정체하고 고이면 썩는다. 이러한 기존의 가치체계 외에 자기 자신만의 생각, 힘을 가져야 한다. 즉, 무위로 행하면 유위에서 볼 수 없던 새로운 것들이 창조된다. 이 나만의 생각, 힘으로 창조된 것이 기존 가치 체계, 즉 유위에 더해져 무위에 의해 유위도 발전한다.

다른 말로 하면, 유위는 '보이는 대로 보는 것'이다. 기존에 있는 것들을 그냥 보면 되는 상태다. 반면 무위는 '보고 싶은 것을 보는 것'이다. 기존에 없는 것이지만 내가 보고 싶은 것을 봐야 하는 행위다. 유위는 '해야 하는 것을 하는 행위'다. 기존 질서 위에서 살아가기 위해서 어쩔 수 없이 해야 하는 일이다. 사실상 남이 시켜서 해야 하는 행위다. 무위는 '하고 싶은 일을 하는 행위'다. 자신의 의지가 시켜서 하는, 자신의 창조적인 행위다.

지금 우리 사회를 찬찬히 돌아보자. 유위는 흔한데 무위는 찾기가 힘들다. 지배자는 유위만을 강조하면 된다. 기존 질서가 유지되고, 자신은 지배자로서의 위치를 공고히 할 수 있기 때문이다. 우리는 그렇게 무위를 잃었다. 노자는 유무상생을 얘기했다. 지금 유무상생을 하기 위해서는 잃어버린 무위가 필요하다. 이것이 건전한 발전이다. 이것도 내가 볼 때는 균형 감각이다.

이 유무상생의 연장선에서 최진석 교수는 노자를 인용해 '경계면에 서라'고 얘기한다. 경계면에 서서 대립면의 경계를 품으라고 얘기한다. 경계에서의 불안감과 모호함이 자신만의 생각을 만들어 낼 수 있다. 그러면 기존의 사상과 지식에서 벗어나 자유로워질 수 있다.

경계면을 상상해 보자. 이쪽 면도 아니고, 저쪽 면도 아니다. 경계면은 어느 쪽에도 속해 있지 않다. 내가 경계면에 서면 어디에도 속해 있지 않은 상태가 된다. 그럼 내가 이쪽저쪽의 눈치를 볼 필요도 없다. 이쪽 사상을 대변할 필요가 없고, 저쪽의 관행을 따를 필요도 없다. 나는 경계면에서 서 있어 소속된 곳이 없기 때문에 불안감과 모호함을 느낄 것이다. 그러나 경계면에서 나는 자유로운 존재다. 이런 불안감과 모호함, 자유로운 사고思考가 나만의 독자적인 힘을 키울 수 있다. 이렇게 절박한 곳에서는 스스로 생각하지 않으면 안 된다. 통찰력을 가지지 않으면 생존하기 어렵다. 이렇게 생과 사의 경계에 서게 되면 나는 나로서의 자신을 찾을 수 있게 된다.

유위와 무위가 부딪히면 무위가 이긴다. 보이는 대로 보는 사람은 보고 싶은 것을 보는 사람을 이길 수 없다. 해야 하는 일만 하는 사람은 하고 싶은 일을 하는 사람을 이길 수 없다. 무위의 행위로 내 삶의 원동력은 내가 작동시킬 수 있다. 내 인생의 주인공은 바로 '나'다.

··· 진보와 보수, 그리고 파시즘 ···

노자가 갈파한 '경계면에 서라'는 내가 주인으로서의 삶을 사는 첫걸음이 될 것이다. 어느 한편에 치우치지 않는 이런 균형 감각은 우리 한 개인의 독립적인 개체성을 확보할 뿐만 아니라 한쪽으로만 너무 치우친 우리 사회의 병폐도 치유하는 데도 큰 도움이 될 것이라고 생각한다.

사고思考는 행동을 지배한다. 행동은 습관을 낳을 것이며 관행을 낳을 것이다. 내가 나로서 살겠다는 생각이 우선 되지 않으면 나는 나로서의 삶을 행하기 어려울 것이다. 그러면 나도 우리 사회도 변화하기 어렵다는 결론이 나온다.

자신만의 사고를 제한하는 대표적인 예가 진보와 보수의 '편 가르기'다. 최근 10여 년간 진보와 보수의 갈등은 우리 사회의 가장 큰 병폐 중 하나가 됐다. 그런데 스스로 진보와 보수라고 하는 사람들이 깊이 생각해봐야 한다. 이 세상에 일어나는 일은 무수히 많다. 매일 매일 일어나는 사건, 사고는 셀 수가 없다. 이런 다양한 사건, 사고에 대해 개인별로 다양한 스펙트럼으로 생각할 수 있어야 한다. 내가 진보라고 해서, 혹은 보수라고 해서 모든 사안에 대해 진보적이거나 보수적인 것은 아니다. 진보의 틀로 아니면 보수의 틀로 바라보기 시작하면 자신의 사고는 한 방향으로 틀어질 수밖에 없다.

내가 한 진영에 속한다고 생각하는 순간 세상의 모든 일을 바라보는 시각이 한 진영의 사상과 이익을 대변하는 것으로 굳어질 수 있다. 경계면에 서야 하는 이유다. 사고의 독립은, 그리고 나의 자유의지는 경계면의 아슬아슬함 위에서 절박하게 해야 한다. 자신을 한 진영의 부속품으로 만들어서는 자유로워질 수 없다.

우리는 흔히 나치스(Nazis)와 파시즘에 대해 엄청난 비판을 한다. 본래 나치스는 중산계급 및 지식인, 군부, 관료, 종교, 교육계 등 사회 일반의 반민주주의적, 권위주의적, 국가주의 사상을 기반으로 했다.

나치스의 지지층은 몰락의 위협을 받고 있던 중산계급이 중심이었으며, 중산계급에서 군인으로 복원된 병사와 장교, 중소농민, 노동조합에 불만을 품은 노동자와 실업자 등이 참가하여 나치스의 기반을 이루었다. 나치스는 계급투쟁의 배격, 강대한 독일 건설, 군비의 대확장, 군국주의 국가건설, 경제발전, 민주공화제 전복, 독일의 유럽 제패 등을 주장했는데 이러한 주장이 대자본가층이나 보수파, 군부 등의 이해와 맞아떨어짐에 따라 사회적 힘을 가진 이들도 나치스를 적극 지지하게 됐다.[3]

나치스의 출발은 건전했다. 중산계급의 지지를 바탕으로 쿠데타가

---

3   나치스의 정의는 두산백과를 참조해 정리했다.

아닌 국민의 선택을 받아 집권했다. 처음부터 사악한 집단은 아니었다. 그러나 차츰 스스로의 비판적 시각이 약해지고, 반대파에 대한 무조건적인 진압이 이어졌다. 진영 논리 속에 포함된 다수의 국민도 나치스의 지도층과 함께 광폭해지며 세계대전과 유태인 대학살이라는 참극을 낳았다. 진영의 사상과 이익에 부합되는 생각을 하게 되면서 개인의 자유의사와 비판력이 상실되었다. 결국 한쪽 방향으로 치달았고, 사회는 정신적으로 병이 들었다. 그리고 결국은 국민 모두가 자기 자신을 잃고, 나치스 지도자의 지배에 따르는 충복이 되고 말았다.

지금 우리의 진영 논리는 나치스의 그것과 크게 다른 게 없다. 아직 광기를 발휘하지 않았을 뿐이다. 경계면에 서면 굳이 내가 진보나 보수의 이익을 대변할 필요가 없다. 이 사안에서는 진보적 의견을 낼 수도 있고, 저 사안에 대해서는 보수적 의견을 낼 수 있어야 한다. 내가 주변의 사고에 휘둘리지 않고 내 스스로 각 사안에 대해 판단할 수 있어야 한다. 그게 나를 찾는 길이고, 이 사회가 건전해지는 길이다.

한쪽에 발을 담그고 있으면 그쪽으로 생각이 굳어진다. 처음에 가졌던 비판적인 시각도 한쪽에 발을 담그면서 날카로움이 사라진다. 그리고 한쪽 편의 이익에 부합되는 방향으로 사고가 바뀌어 버린다. 어느 순간엔가 비판적 시각의 나는 사라지고, 내가 속한 집단의 이익을 대변하는 사람이 돼 있다. 그러면 나는 없어진다. 집단의 한 부속품으로의 존재 덩어리만 남는다. 행복하려면 내가 우선 존재해야 한다. 행복을 누릴 주체가 없어지면 행복은 존재의 의미가 없어진다. 나의 행복과 집단의 이익은 엄연히 다르다.

···자신만의 기준···

우리나라 사람들은 특히 다른 사람들의 시선에 민감하다. 타인의 평가에 항상 신경을 쓴다. 삶의 기준이 나에게 있지 않고, 타인의 시선에 있다. 그래서 지치고 괴롭다. 누군가 돈을 벌면 제일 먼저 차를 바꾼다. 그리고 명품 가방 하나쯤은 기본으로 가지고 있어야 한다. 내가 실제 부자이건 가난하건 상관없다. 다른 사람 눈에 있어 보여야 직성이 풀린다. 그들은 좋은 차와 명품 가방이 아니라 허영을 타고, 들고 다니는 거다. 왜냐하면 타인의 눈이 나에겐 기준이기 때문이다.

정말 돈을 주체할 수 없이 많이 번 사람들은 그래도 된다. 그들은 그만큼의 노력으로 이룬 대가를 받아야 된다. 그러나 그런 형편이 되지 못하는 사람조차 타인의 시각에 휘둘려 그런 불쌍한 행동을 하는 건 안타깝다. 그런데 그런 사람이 우리 주변에 너무나 많다. 자기 철학의 빈곤이 우리 사회 전체를 이렇게 감염시켰다.

따지고 보면 우리의 과도한 교육열도 타인의 시선에 자신의 기준을 맞춘 결과다. 부모님, 특히 어머니들 사이의 경쟁심, 허영심이 자식을 사랑한다는 명분으로 포장돼 과열된 교육열로 변질되었다. 부모 또래 모임에서 자식 자랑을 하고 싶어서, 혹은 타인이 자랑하는 걸 보기 싫어서 그런 과도한 교육열에 동참한다. 우리 조부모 세대의 못 배운 한恨과는 또 다른 양상이다.

타인을 의식하기 시작하면 피곤해진다. 내 일상 자체가 흔들린다. 좋은 옷을 입어야 하고, 좋은 차를 타야 하고, 좋은 음식을 먹어야 한다. 브랜드 커피숍에서의 비싼 커피는 이제 기본이 됐다.

좀 다른 시각으로 나만의 기준을 정해보자. 7,000만 원짜리 고급 차는 2,000만 원짜리 자동차에 5,000만 원어치의 허영이 덧붙은 결과다. 나는 그런 사람들이 안 부럽다. 7,000만 원짜리 차를 사느니 2,000만 원짜리를 사고, 5,000만 원으로 세계 일주를 하는 게 낫다. 수백만 원짜리 명품 가방은 진짜 부자들한테 양보하고, 차라리 그 값어치만큼의 산해진미를 맛볼 것이다. 공연을 좋아한다면 공연을, 영화를 좋아한다면 수년은 즐기면서 볼 수 있다.

남 눈치에서 벗어나 나만의 기준을 갖기만 하면 된다. 어차피 차나 가방은 한 번만 써도 중고품이 돼서 수십 %는 감가상각 해야 된다. 형편이 그리 여유롭지 않는 내가 명품 가방을 들고 다닌다 하더라도 대부분의 사람은 속으로는 '저 사람 짝퉁 들고 다닌다'고 여길 것이다.

남들이 안 하는 걸 해 보자. 남들이 이미 좋다고 사회적으로 선언한 것에서부터 독립해 보자. 굳이 명차, 명품 가방 이런 거 따라 할 필요가 없다. 우리 애가 영어 유치원에 안 간다고 해서 나중에 영어를 못하는 건 아니다. 부모의 두렵고, 초조한 마음의 결과물일 뿐이다. 또 영어 좀 못해도 된다. 영어 잘한다고 미래가 보장되는 것은 아니다. 명문대를 모두가 갈 필요도 없다. 이제 명문대 가 봐야 별거 없는 세상인데 우리 애가 좋아하는 걸 지원해 주는 게 차라리 낫다. 무언가 혼자 하는 걸 삐딱한 시선으로 바라보는 사람에게는 '혼자서는 아무것도 할 수 없는 애어른'이라고 '마음속으로' 조롱해 주자. 자기의 기준이 있으면, 자기 철학이 있으면 자신감은 생긴다.

마음만 달리 먹으면 된다. 나만의 철학, 기준을 가지면 세상은 보다 편하게 다가온다. 시시하게 '엄마 친구 아들'의 시선을 의식하지 말자. 타인을 의식하고자 한다면 역사의 위인들과 견주어 보자. 그럼 당신이 이긴다. 어떤 위대한 역사적 인물과의 비교에서도 당신은 이길 수 있다. 그만큼 당신은 어마어마한 사람이다.

100여 년 전만 해도 자동차는 황제만이 탈 수 있었다. 지금은 차를 갖고 싶으면 쉽게 가질 수 있다. 굳이 명차가 아니어도 된다. 수십만 원이면 중고차를 살 수 있다. 중고차라 해도 고종 황제가 탔던 차보다는 좋다. 차를 가진 나는 황제급이다. 황제는 남의 눈치를 보지 않는다.

세기의 정복자 알렉산더, 칭기즈칸, 광개토대왕이 정복한 땅의 크기쯤은 장거리 비행기 한 번 타면 거치게 되는 거리다. 그 위대한 정복자들보다 넓은 세상을 볼 수 있는 당신은 대단한 사람이다. 콜럼버스는 아메리카와 유럽 땅만을 밟아봤지만 우리는 맘만 먹으면 세 개 대륙쯤은 쉽게 밟아볼 수 있다. 여섯 개의 모든 대륙을 밟아보는 것도 꿈은 아니다. 당신은 콜럼버스보다 더 넓은 세계를 모험하는 사람이 될 수 있다. 이미 됐을 수도 있겠다. 당신은 그래서 위대하다.

작년에 러시아의 국민시인이라 불리는 분의 시집을 읽은 적이 있다. 그의 시詩 제목을 들으면 이 시인이 누구인지 아실 거다. 그런데 익숙한 그 시외에는 사실 별 감흥이 없었다. 내가 러시아 역사나 그 인물의 개인사를 몰라서 그랬나 싶어 시집 뒤의 해설을 읽고 다시 읽어 봤다. 그래도 별 감동을 느끼지 못했다. 사회적 기준은 그를 국민시인이라 칭송할지 모르지만 나에겐 그렇지 못했다. 굳이 내가 타인의 기존 평가를 따라갈 필요가 없다. 내가 판단하면 된다. 오히려 나는 우리나라 가수가 쓴 가사가 더 감동적이었다. 여러분도 잘 아는 노래인데 노래가 아닌 시로 만나보시라. 누가 뭐래도 난 그 국민시인보단 이분의 시가 더 좋다.

화려한 도시를 그리며 찾아왔네. 그곳은 춥고도 험한 곳.
여기저기 헤매다 초라한 문턱에서 뜨거운 눈물을 먹는다.
머나먼 길을 찾아 여기에, 꿈을 찾아 여기에,
괴롭고도 험한 이 길을 왔는데
이 세상 어디가 숲인지 어디가 늪인지 그 누구도 말을 않네.

사람들은 저마다 고향을 찾아가네. 나는 지금 홀로 남아서.
빌딩 속을 헤매다 초라한 골목에서 뜨거운 눈물을 먹는다.
저기 저 별은 나의 마음을 알까. 나의 꿈을 알까.
괴로울 땐 슬픈 노래를 부른다.
슬퍼질 땐 차라리 나 홀로 눈을 감고 싶어.
고향의 향기 들으면서.

저기 저 별은 나의 마음 알까, 나의 꿈을 알까.

괴로울 땐 슬픈 노래를 부른다.

이 세상 어디가 숲인지 어디가 늪인지 그 누구도 말을 않네.

슬퍼질 땐 차라리 나 홀로 눈을 감고 싶어.

고향의 향기 들으면서, 고향의 향기 들으면서.[4]

우리가 노벨상에 굳이 목맬 필요가 없다. 노벨상위원회에서 모르고 있을 뿐 우리 작가들의 글은 이미 노벨상급이다. 우리 과학자가 서구 과학자보다 열등하다는 증거가 없다. 세계 최고 수준의 IT, 철강, 화학, 자동차, 조선 산업 등은 우리 과학자가 성취한 결과물이다. 노벨상은 서양의 시각에서 주는 상이다. 그 상을 못 받는다고 안달할 필요가 전혀 없다. 예전에는 올림픽 금메달이 그렇게 소중한 것이었다. 정부 수립 후 28년 만에 첫 금메달을 땄다. 두 번째 금메달을 따기까지는 이후 8년이 더 걸렸다. 그런데 올림픽 금메달이 없다고 해서 우리 삶이 어떻게 되는 것도 아니다. 체육 좀 못한다고 해서 사람 취급을 못 받는 건 절대 아니다. 올림픽 종합 순위에서 우리보다 아래에 있는 선진국들이 우리보다 열등한 것은 아니다.

이는 모두 세상이 나를 평가해 주기를 바라는 시각일 뿐이다. 우리가 세계 몇 위 하는 걸 세상은 관심이 없다. 우리도 어떤 나라가 어떤 분야에서 몇 위를 했는지 기억도 하지 못한다. 사실 우리도 그들에게 관심이 없었던 것이다. 그러니 이제 세상의 평가 같은 외부 시각에 크

---

4 여러분의 생각이 맞다. 가왕歌王 조용필이 쓴 '꿈'이라는 노래다.

게 관심을 두지 말자. 그렇게 어렵게 살 필요가 없다. 그렇게 힘들게 사느니 차라리 우리가 세상을 평가하자. 나의 기준으로 세상을 평가하고 살자. 내가 중심을 잡고, 나만의 철학과 기준으로 살면 세상 살기가 그래도 편하다.

··· 남이 만든 기준에
힘들어하는 사람들 ···

   학생은 배우는 사람이다. 배우는 게 직업인 사람이다. 그런데 학생은 대부분이 어리다. 초등학생부터 생각해 보면 아직은 자기 생각이 없는 사람이다. 그러면 어떤 것을 가르칠지를 '생각이 있는' 어른들이 제시해 줘야 한다. 그런데 스스로 반성하게 된다. 우리 어른들은 학생들에게 진짜 배워야 할 것을 가르쳐 주지 못하고 있다. 우리는 우리의 미래에게 잘못된 기준을 제시해 주고 있다. 12년간의 공교육 시간 동안 우리 학생들이 배우는 게 그들 인생의 행복에는 전혀 도움이 안 되고 있다.

   학교 커리큘럼은 상위 학교 진학을 위한 내용뿐이다. 하물며 경제를 가르쳐도 경제학을 가르친다. 수요공급 곡선, 한계효용, 경쟁우위 등등. 그런 건 대학에서 경제학을 전공하는 사람이 배워도 된다. 그런 경제학적 지식은 우리가 경제 생활하는 데 아무런 도움이 안 된다. 차라리 주식 투자하는 방법, 집 매매하는 방법, 법인 설립하는 방법, 좋은 금융상품 고르는 방법 같은 실생활에 도움되는 걸 가르치는 게 낫다. 그래야 사회에 나와서 사회생활이 된다. 지금은 사회에 나오면 학교에서 배운 건 아무 소용이 없고, 사회에서 또 사회를 다시 배워야 한다. 그런 학교는 필요가 없다.

현재 학교의 위상은 취업의 관문일 뿐이다. 결국은 좋은 일자리를 얻기 위해 그 엄청난 사교육도 병행한다. 그런데 공교육 12년, 대학 4년 혹은 대학원 2년까지 마쳐도 취업이 어렵다. 취업을 위해 존재하는 지금의 우리 학교가 학생들을 취업시켜 주지 못한다면 없어져도 되는 존재가 된다. 아래는 한 공중파 TV에서의 뉴스 보도 중 일부이다.

〈앵커〉

'토익 점수 900점 이상', '전공은 기계공학에 한정', '공채 경험이나 서류 통과자 우대' 기업체의 입사 요강이 아닙니다. 대학생들이 스스로 만든 취업 스터디에 들어가기 위한 가입 조건들입니다. 경기 회복이 늦어지면서 청년 취업난이 갈수록 극심해지고 있습니다. 그래서 이제는 취업이 아니라 취업 공부 모임에 들어가는 조건조차 이렇게 어려워지고 있는 겁니다.

뉴스 인 뉴스, 하현종 기자가 취재했습니다.

〈기자〉

졸업식이 열리던 날, 연세대학교에 이런 내용의 현수막이 내걸렸습니다. '연세대를 나오면 뭐 하나, 백수인데' 청년 취업난을 상징적으로 보여준 이 사진은 당시 큰 화제가 됐습니다. 25살 박 모 씨는 서울대 졸업 예정자입니다. 학점 4.0에 토익 960점, 프랑스어 자격증도 갖췄습니다. 그런데도 기업 여섯 곳에 원서를 넣었다가 모두 탈락했습니다.

[박 모 씨/서울대 졸업 예정자: 서류 탈락 네 곳 하고 두 곳은 면접을 갔는데 거기도 결과적으로는 떨어졌거든요.]

남들이 부러워할 만한 조건을 갖춘 박 씨조차도 미래가 불안하다고 털어놓습니다.

[박 모 씨/서울대 졸업 예정자: 계속 원서를 쓰고 있는데 불확실하다는 생각이 들고 언제 도대체 취업 시장이 풀릴지 불안해요.]

지난해 서울대의 취업률은 61%에 그쳤고, 졸업을 미루는 학생들의 비율도 계속 늘고 있습니다. 공식 청년 실업률은 해마다 높아져 지난 1월 9.2%를 기록했습니다. 정부 통계에 잡히지 않는 실업자까지 합하면 체감 청년 실업률은 21%, 청년 실업자가 100만 명을 넘어섰다는 분석도 있습니다. 대학 생활을 모두 취업 준비에 쏟아부어도 언제 취업이 될지 알 수 없는 암담한 상황. 사회로 나가야 할 청년들의 시름이 더욱 깊어지고 있습니다.[5]

---

5 SBS TV, 하현종 기자, 〈취업 스터디도 어렵다, 청년 실업 백만의 그늘〉, 2015. 3. 12. 보도 중에서 발췌.

공교육 12년의 과정을 상위 1% 내에서 훌륭히 마친 대단한 엘리트들의 얘기이다. 물론 상위 1%가 다 그렇지 않다는 건 안다. 자극적인 뉴스 보도의 특성상 자극적으로 편집했을 수도 있다. 그래도 이 정도의 상황이면 말도 안 되는 일이 벌어지고 있는 것이다. 그런데도 여전히 우리는 어린 학생들에게 자신이 성공했던, 혹은 성공하고 싶었던 방식으로의 기준을 제시한다. 이제는 명문대도 성공으로 가는 보증수표가 되지 못한다. 그렇다면 성공할 확률은 우리 세대보다 훨씬 더 낮아진다.

그 많은 시간, 자신을 잃어가며 성공을 위해 달려왔는데 와 보니 성공의 다리가 끊어져 있는 상황이다. 우리 젊은이들은 지금 패닉 상태다. '성공의 패러다임' 자체가 성공하지 못한 셈이다. 실패한 방법을 고수하는 건 너무도 어리석다. 성공이 아닌 행복의 길을 제시해 주자. 성공해도 불행할 수 있다. 그렇다면 더더욱 행복의 패러다임으로 변화하자. 사람 사는 방식은 다양하다. 다양한 방식 속에서 자신만의 행복을 누리는 방향으로 급선회해 보자. 성공의 이면은 자기희생이다. 자기희생을 했는데도 성공을 하지 못하면 이보다 더 억울한 일이 없다. 인생은 한 번밖에 없다. 수십 년을 투자했는데 이 길이 아니었다고 한다면 그 시간은 누가 보상해줄 것인가?

그리고 우리 젊은이들께 간곡히 말씀드린다. 어른 말이 다 정답은 아니다. 스스로 생각해야 한다. 판단이 잘 서지 않으면 책을 많이 보시라. 한쪽 얘기만 담은 책이 아니라 이 얘기, 저 얘기가 있는 책을 많이 읽어보시라. 그리고 또 스스로 판단하시길 바란다. 부모에게는 부모의 인생이 있고, 여러분의 인생은 여러분 거다. 부모의 인생을 대신 살아주려다 여러분이 불행해질지 모른다. 그건 효도가 아니다. 여러분이 행복한 게 효도다. 부모가 잠시 잘못 생각하고 있는지도 모른다. 당신들 세대에서 먹혔던 방식으로 자식들이 사는 게 행복이라고, 잠시 잘못 생각하고 있다. 그렇게 자식들이 살면 자식들이 행복해지는 줄 알고 그러시는 거다. 여러분 스스로의 방식으로 행복해지겠다고 부모를 설득하시라. 설득이 안 된다고 해도 그대 자신의 길을 가시라. 그게 진짜 여러분의 길이다.

세계 최고의 명문 하버드 대학에서 석사 학위를, 프린스턴 대학에서 박사 학위를 받은 한 스님이 있다. 그는 이 사회의 허울을 일찍 깨달았다. 그리고 그는 그 자신만의 길을 갔다. 아마도 자식이 승려가 되는 걸 좋아하는 부모는 많지 않을 것이다. 그럼에도 용기 있게, 자신의 의지대로 자신의 행복을 찾아갔다. 발췌 없이 그대로 전해드린다.

"제가 승려가 된 이유는,
이렇게 한 생을
끝없이 분투만 하다 죽음을 맞이하기 싫어서였습니다.
무조건 성공만을 위해서 끝없이 경쟁만 하다가
나중에 죽음을 맞게 되면
얼마나 허탈할까 하는 깨달음 때문이었습니다.
다른 사람들에 의해 만들어진 성공의 잣대에 올라가
다른 사람들에게 비칠 나의 모습을 염려하면서

그들의 기준점과 기대치를 만족시키기 위해
왜 그래야 하는지도 모르고 평생을 헐떡거리며 살다가
죽음을 맞이하고 싶지 않았기 때문이었습니다."[6]

---

6   혜민 지음, 『멈추면, 비로소 보이는 것들』, 쌤앤파커스, 2012, 121쪽.

···공노비와 회사원···

취업을 앞둔 우리 젊은이들의 최대 목표는 대기업 회사원이 되거나 공무원이 되는 거다. 초·중·고등학교의 힘든 경쟁 과정을 거쳐 대입의 관문을 넘어섰는데도 또다시 취업이란 거대한 관문이 기다리고 있다. 그나마 임금과 복지가 좋은 대기업에 취업하기 위해 취업 몇 종 세트를 미리 따야 하고, 토익 점수도 높여놔야 한다. 거기다 해외 어학연수와 기업체 인턴 경험도 요즘은 필수다. 해도 해도 끝이 없다. 그렇게 다 준비한다고 해서 된다는 보장도 없다.

공무원이 되기 위해서도 수백 대 일의 경쟁률을 뚫어야 한다. 공무원이 되기 위해서는 스펙은 크게 중요하지 않지만 한 문제라도 실수를 하면 또다시 일 년의 시간을 인고의 세월로 보내야 한다. 내년이라고 해서 바로 붙는다는 보장도 없다. 요즘 우리 청년들은 젊음을 만끽할 시간이 없다. 캠퍼스의 낭만은 고전이 되고 말았다. 미래에 대한 희망도 보이지 않고, 불확실성만 높은 장래에 대한 불안감만 그들을 반긴다.

분명 잘못돼도 너무 잘못됐다. 이러한 상황은 우리 기성세대의 책임이 크다. 우리가 다시 젊어져 지금의 청년들 입장에 놓인다면 현재 누리고 있는 직장 생활이나 직업을 가질 수 없을 확률이 높다. 이 어려운 국면을 청년들의 책임으로만 돌리기에는 그들의 책임이 너무도 없다. 분명 기성세대의 잘못이다. 이상한 사회를 만들어 놨다.

그들을 대기업 회사원과 공무원 취업으로 내쫓은 것은 어른들의 역할이 컸다. 어릴 때부터 그들을 경쟁으로만 내몰았다. 경쟁을 하면 우열이 생기고, 타인과 서열을 가리게끔 만든다. 경쟁에서는 다 같이 잘되는 게 없다. 하나가 앞서가면 나머지는 뒤떨어지는 게 경쟁이다. 결국 타인을 의식하지 않을 수 없게 만든다. 어떤 일을 하든 남이 어떻게 바라볼까를 생각할 수밖에 없다. 내 자식만 잘되면 된다는 이기적인 생각이 결국 내 자식도 지옥의 구덩이에 빠뜨리고 말았다.

부모는 자식을 명문대학에 보내려고 유치원부터 엄청난 사교육으로 쉴 새 없이 몰아붙인다. 명문대학에 진학해야 하는 이유는 보다 그럴듯한 직업을 얻는 데 유리하기 때문이다.

연간 50만 명 정도의 젊은이가 고등학교를 졸업한다. 약 80%가 대학에 진학하니 대략 40만 명은 대학생이 되고, 졸업을 할 것이다.[7] 대기업 채용 인원은 연간 3만 명 수준이다. 7급, 9급 공무원은 매년 4,000~5,000명을 뽑는다. 전문직을 할 수 있는 의대, 치대, 한의대의 배출 인원은 연간 3,500명 내외다. 그나마 괜찮은 직장이 연간 4만 개

---

7   2015년 대학 정원은 조금 줄어 36만 명 정도 된다.

가 안 된다. 그렇다면 대학 진학자의 90% 이상의 사람은 결국 '그나마' 괜찮은 직장에 갈 수가 없다. 취업 재수생을 포함하면 그 비율은 더 높아진다. 이렇게 확률 낮은 게임을 왜 해야 하는가. 그렇다면 그나마 괜찮다는 대기업 회사원과 공무원은 얼마나 좋은 것이길래 이렇게 다들 이걸 하려고 하는지 알아보자. 사전에서 조선시대 공노비公奴婢에 대해 찾아 보았다. 사농공상士農工商의 신분 서열 밑의 최하층 노예 계층에 해당된다. 주인의 매매 대상이 되는 사노비私奴婢보다는 조금 나은 형편이나 노예 계층임에는 틀림이 없다.

공노비公奴婢. 우리나라 전통적 신분 사회에서 왕실과 국가기관에 소속, 사역되었던 최하층 신분. 16세 이상 60세까지의 공노비는 독자적인 가계를 유지하면서 자유스러운 가정생활을 할 수 있는 대신, 소속 관서에 의무를 부담해야 하였다. 따라서 그 내용이 노역인지 현물인지에 따라, 다시 선상노비選上奴婢: 供役奴婢와 납공노비納貢奴婢로 구분되었다.

공노비의 의무 부담은 양인良人에 비해 두 배 이상 무거운 것이었다. 즉, 양인의 경우에는 정남丁男에게만 국역國役이 부과되었지만, 공노비의 경우 노奴뿐만 아니라 비婢도 동일하게 취급되었다. 그러나 좁은 기회이기는 하지만, 공노비의 경우 관직을 제수받는 경우도 있었다. 즉, 전란과 같은 비상시에 특별한 공을 세워 7품 사정司正 이하의 하급 서반직을 부여받기도 하였다. 그리고 정6품을 한계로 별도로 규정한 잡직 품계를 받는 각종 잡직에도 종사하였다. 동반의 잡직은 공조·선공감·사복시·장악원 등 14개 관서에서 물품 제조, 토목 공사, 말 기르기, 악기 연주 등을 맡았다. 서반의 잡직은 파진군破陣軍의 근사·종사·추사·대졸 등과 팽배彭排의 대장·대부 등 군인직에 종사하였다.[8]

놀라운 사실은 오늘의 회사원, 공무원과 조선시대 공노비가 크게 다르지 않다는 점이다. 공노비는 16세 성인이 되면 독자적인 가계를 꾸리고, 자유스러운 가정생활을 할 수 있었다. 대신 소속 관서에 의무 부담만 하면 되었다. 조선시대에는 60세 환갑이면 장수한 것이니 사실상 종신 고용이다. 물론 당시의 국역과 현재의 직장 노동 강도의 차이가 얼마나 나는지는 확인할 길이 없다. 그럼에도 현재 대한민국의 평균적인 직장인과 조선시대 공노비를 사전 그대로 비교해 보면 오히려 지금이 낫다고 할 수 없다.

조선시대 공노비는 초가삼간이라도 자신의 집이 있었다. 성인이 되면 대부분 결혼을 하고, 아이도 원하는 만큼 낳을 수 있었다. 고용도 종신 고용이다. 해가 지면 일을 할 수 없으니 야근도 없다. 좁은 기회이기는 하지만 관직에도 나갈 수 있었다. 현재 대한민국 젊은이들은 자신의 집 마련은 꿈도 꿀 수 없다. 성인이 되어도, 30세가 넘어도 스스로의 힘으로는 결혼을 꿈꾸기도 어렵다. 보육 문제와 사교육비 문제로 아이도 원하는 만큼 낳기가 어렵다. 취업도 힘든데 종신 고용은 언감생심이다. 과도한 야근 때문에 자신만의 사색의 시간을 갖기도 쉽지 않다.

---

8 한국민족문화대백과, 한국학중앙연구원, '공노비' 표제어에서 발췌

우리가 스스로를 자유인이라고 하지만 조선시대의 관점에서 보면 여전히 노비다. 좀 더 나은 노비가 되기 위해서 다들 이런 고통의 악순환에 빠져 있다. 취업을 위해 유치원부터 용을 쓰지만 대학을 졸업해도 취업의 길은 좁고도 좁다. 힘들게 취업의 문을 뚫어도 10여 년 일하면 조기 퇴직의 불안에서 살아야 한다. 전체의 10%도 안 되는 대기업 회사원과 공무원이 되어도 그런데 나머지 90%의 젊은이들은 조선시대 사노비보다 못한 생활을 하는 건 아닐까? 결국 대부분의 사람들이 힘들게 살 수밖에 없는 구조에서 확률 낮은 상위 1%에 들기 위해 너무도 쓸데없는 '원뿔타기'를 하고 있다. 정말 부질없다.

아마도 500년 후쯤의 역사책에는 이렇게 쓰여 있을지도 모르겠다. '20세기 말, 21세기 초 대한민국에는 노동자 혹은 회사원이라는 이름의 노예 계층이 있었다. 원래 대한민국은 법적으로 신분 계급이 없는 사회였다. 그러나 건국 초기 급속한 경제성장을 한 뒤 국민 간의 경쟁이 가열돼 스스로를 노예 계층으로 편입하고자 했다.'라고.

· · · 지금 좋은 게 나중에도 좋을까? · · ·

楚人 有涉江者 其劍 自舟中墜於水

遽契其舟 曰 是 吾劍之所從墜

舟止 從其所契者 入水求之 舟已行矣

而劍不行 求劍若此 不亦惑乎

以此故法로 爲其國 與此同 時已徙矣

以法不徙 以此爲治 豈不難哉

각주구검刻舟求劍은 전국시대 말기에 여불위呂不韋가 편찬한 『여씨춘추呂氏春秋』에 나오는 유명한 고사故事다. 내용은 이렇다. 중국 초楚나라 시대에 한 사람이 배를 타고 강을 건너고 있었다. 그 사람은 실수로 칼을 강에 빠뜨리고 말았다. 그는 놀라서 급히 칼이 빠진 곳에 표시를 했다. 그는 배가 멈춘 후 그 표시를 해놓은 지점의 물에 들어가 다시 그 칼을 찾고자 했다. 그러나 배가 이미 움직여 처음 그 칼이 빠진 곳과 달랐다. 그래서 칼을 찾을 수 없었다. 짧은 이야기다. 세상이 변하고 있으나 그 변화를 생각지 않고 옛날의 방식을 그대로 사용하는 어리석음을 지적하고 있다.

　그런데 이 어리석다는 각주구검刻舟求劍의 고사가 남의 얘기가 아니다. 경기가 침체되고, 고용 상황이 어려워지기 시작하면서 공무원의 인기가 치솟았다. 공무원은 20년 전만 해도 인기 없던 직종이다. 사기업의 정년 보장이 어려우니 공무원, 공사에서 정년까지 일하고 싶어 하는 간절함에서 나온 것임은 누구나 다 알고 있다. 그러나 세상이 하루가 다르게 변하는데 지금 공무원이 된다고 해서 20~30년 후까지 공무원이 정년 보장이 되는 직업이라고 단언할 수 없다.

　이미 일부 유럽 선진국에서는 공무원의 정년 보장 혜택은 없어졌다. 연봉은 상대적으로 낮지만 상대적으로 든든한 연금과 정년 보장 혜택은 지금의 기준이다. 지금 배에 새겨 놓은 표시일 뿐 배가 움직이면 칼을 찾을 수 없게 된다. 이미 공무원 연금 개혁의 얘기가 나오고 있다. 미래의 일은 아무도 알 수 없다.

　이런 예는 다른 분야에서도 찾아볼 수 있다. 90년대 중반에서 2000년대 초반까지 한의사 붐이 일었었다. 그 전까지 크게 주목받지 못하다 건강에 대한 사회적 관심이 높아지면서 한의사에 대한 재조명이 이뤄졌다. 당시 직장에 다니던 우수한 인재들이 회사를 그만두고, 한의대 입학을 하는 일이 사회적 이슈가 되었다. 내 주변에도 그런 분들이 있었다. 그런데 그러한 붐은 오래가지 못했다. 한의사 공급이 늘어난 게 가장 큰 이유였지만, 인삼 제품과 발기부전제의 보급, 중국 한약재에 대한 불신 등이 복합적인 요인으로 작용하면서 한의사가 과거와 같이 크게 대우를 받지는 못하고 있다.

1990년 한·러 수교 이후에 노어노문과의 인기가 급증했던 적이 있었다. 그 붐 또한 얼마 가지 못했다. 2000년대 초·중반 펀드매니저는 선망의 직업이었다. 지금은 사실상 3D 직종이 됐고, 그 대우가 예전에 비해 현저히 낮아졌다. 자영업에서는 이런 인기의 사이클이 더욱 짧다. 현재의 기준이 미래에도 여전히 기준이 된다는 보장은 없다. 그러니까 지금 좋다고 하는 것에만 매달릴 일은 아니다. 지금 좋다고 하는 것은 금방 레드오션이 된다. 오히려 남들이 지금은 기피하고 있는 것을 하는 게 중장기적으로는 블루오션이 될 것이다.

그래서 남이 좋다고 하는 것보다는 자신이 좋아하는 것이 우선이다. 자신만의 기준을 세워야 하고 타인의 시선에 흔들리지 말아야 한다. 그래야 오래 재미있게 할 수 있다. 이는 고통스럽고 뼈저린 나의 개인적 경험이자 자기반성이기도 하다.

나는 1999년 벤처 붐이 절정일 때 벤처기업으로 옮겼다가 상장 실패를 겪었다. 그때 받은 주식은 휴지가 됐다. 서둘러 2000년 초에 증권회사로 이직했다. 코스피가 1,000포인트, 코스닥이 290포인트까지 오르며 사상 최고치를 경신하고 있었다. 이 황홀한 장세가 지속될 줄 알았다. 한 외국계 증권사에서는 코스닥이 400포인트까지 갈 것이라며 부채질했다. 그러나 그 뜨겁던 증시가 연말에 코스피는 500포인트, 코스닥은 50포인트까지 폭락했다. 영원할 것 같았던 IT버블이 터진 것이다.

당시 최고의 인기 직장에, 최고의 경쟁률을 뚫고 입사했던 그 '똑똑했던' 동기의 상당수가 엄청난 금전적, 정신적 손실을 입고 업계를 떠났다. 이후 펀드매니저가 (사회적 기준으로) 좋은 직업이라고 해서 열심히 준비했다. 결국 펀드매니저가 되긴 했지만 4년 뒤 글로벌 금융 위기를 겪으며 큰 고통을 받았다. 그 이후로는 펀드운용업계 자체가 활력을 잃었고, 40대만 되면 펀드매니저로서는 은퇴 준비를 해야만 하는 상황이 됐다.

사회적 대우가 좋다고 해서 사회의 기준에 맞춰 자신의 몸에 맞지 않는 직업을 가졌는데, 그래서 성공했다고 생각했는데 사회의 기준이 달라지면 어떻게 되는가? 사회의 기준은 생각보다 빨리 변한다. 성공했다고 생각했는데 타인의 기준에 의해 갑자기 실패한 인생이 돼 버릴지도 모른다.

불행한 시대를 맞고 있는 우리 어린 학생들, 젊은이들은 부모의 기준, 사회의 기준에 자신을 맞추지 말길 바란다. 인생은 한 번뿐인데 부모의 인생을 대신 살지 말고, 자신의 삶을 살았으면 좋겠다. 자신이 좋아하는 일을 하면 좋겠다. 그러면 자신의 기준에 맞는 일이기 때문에, 자신이 즐기는 일이기 때문에 타인의 기준이나 시선이 변한다 하더라도 자신만의 길을 갈 수 있다.

자신이 좋아하는 일이 뭔지 모르겠다는 후배들이 있다. 그동안 남이 시킨 일만 해 와서 자신을 잊어버리고, 잃어버렸기 때문이라 생각한다. 늦지 않았다. 책을 많이 읽으면 자신을 찾는 데 많은 도움이 된다. 경험을 통해 말씀드린다. 처음부터 어려운 책을 보는 건 피하면 좋겠다. 책을 읽는 걸 습관화하면 점차 어려운 책도 볼 수 있게 된다. 처음부터 100kg의 바벨을 들려고 하지 말고, 10kg짜리부터 시작하면 된다. 점차 근육이 붙으면서 힘이 날 것이다. 책을 많이 읽고, 스스로 생각을 많이 해 보면 좋겠다. 청년 여러분들은 아직 늦지 않았다. 100살까지 살아야 할 사람들이다. 마흔 언저리에 책을 읽기 시작한 나 같은 사람도 있다. 용기를 내시길 바란다.

정말 자신이 좋아하는 일이면 양보하지 마시라. 부모님이나 다른 사람이 자신의 인생을 살아줄 수 없다. 주위의 조언은 참고만 하고, 최종 결정은 자신이 내려야 된다. 그래야 후회가 없다. 돈과 성공이 인생의 전부가 아니다. 행복하게 살 길은 무수히 많다. 대기업과 공무원만이 길이 아니다. 이미 이 두 직종은 레드오션이다.

··· 뻐꾸기 둥지 위로 날아간 새 ···

김건모의 히트곡으로 더 잘 알려진『뻐꾸기 둥지 위로 날아간 새(One flew over the cuckoo's nest)』는 1962년 미국 작가 켄 키지(Ken Kesey)가 쓴 소설이다. 1963년에는 브로드웨이에서 공연되기도 했고, 1975년 영화화되어 아카데미 작품상을 받기도 했다. 이 영화에서 성격파 배우로 유명한 잭 니콜슨(Jack Nicholson)의 젊은 시절 모습을 볼 수 있다.

우선 눈에 띄는 것은 제목이다. 뻐꾸기는 알려진 바와 같이 자기 둥지를 만들지 않는다. 까치, 멧새, 종달새 등의 둥지에 알을 낳는다. 가짜 어미가 품어 부화하고, 가짜 어미로부터 먹이를 받아먹은 뻐꾸기 새끼는 20여 일 후에 둥지를 떠난다. 뻐꾸기 둥지는 원래 존재하지 않는 존재다.

가짜 어미들은 약자다. 뻐꾸기는 이런 약자를 이용하는 지배 계층으로 나는 해석한다. 약자는 자신이 부화한 게 자신의 새끼가 아닌걸 모른다. 그리고 자기 자식인 양 키운다. 키워 놓으면 어느 순간 사라지고 없다. 이렇게 약자는 강자인 뻐꾸기를 자신도 모르게 키우고,

잃는다. 결국 이용당한다.

『뻐꾸기 둥지 위로 날아간 새』는 미국 전역에 순종적이고 고분고분한 인간들을 만들어내려는 거대한 음모의 일부로, 환자들에게 계속해서 정신병 진단을 내리는 정신병원을 그린 소설이다. 1960년대 반정신의학 운동의 핵심작인 이 소설은 제정신과 광기, 일치와 반란 사이의 관계를 이야기하고 있다. 소설 전반에서 세심한 균형 감각이 느껴진다.[9]

범죄자 맥머피는 교도소 생활을 피하려 정신병에 걸린 것처럼 행동한다. 결국 그의 의도대로 그는 정신병원으로 이송된다. 그곳에서 벙어리인 인디언 추장, 하딩, 빌리 등 다양한 유형의 정신병자들과 함께 생활한다. 정신병자라고는 하지만 그들은 밝다. 소박한 그들만의 나름대로 재미있는 생활이 있다. 그러나 병원 내에는 권력이 있다. 수간호사 미스 래취드가 그 대표 인물이다. 병원의 권력은 환자들(어쩌면 보면 그들이 정상인일 수 있다)을 억압한다. 정신병원 내에서 환자들은 병원 권력 때문에 자유를 잃고, 진짜 정신병자가 되어 간다. 맥머피는 원래 정신적으로 문제가 없는 사람이다. 그는 불합리한 병원 권력에 도전한다. 그러나 곧 진압된다. 그리고 강제로 로보토미(Lobotomy) 수술[10]을 받게 되고, 진짜 정신병자가 되어버린다.

---

9   피터 박스올 지음, 박누리 옮김, 『죽기 전에 꼭 읽어야 할 책 1001권』, 마로니에북스, 2007. 동 표제어에서 발췌.

10 대뇌大腦의 전두엽백질前頭葉白質을 잘라서 시상視床과의 연락을 단절시키는 수술 방법. 전두엽백질절제술이라고도 한다. 인격의 변화를 가져올 우려 때문에, 인도적 견지에서 허용할 수 없다는 비판도 있어 현재는 사용하지 않는다. 두산백과에서 발췌•요약.

맥머피와 친구가 된 인디언 추장은 사실 말을 할 수 있는 사람이었다. 권력에 의해 입을 닫고 있었을 뿐이었다. 맥머피와의 대화 속에서 추장은 말을 하게 되고, 자신에 대해 생각하게 된다. 맥머피가 진짜 정신병자가 되는 과정을 지켜본 추장은 정신병자가 된 맥머피를 죽인다. 그를 죽여서 그를 자유롭게 했다. 그리고 그간 자신을 눌러왔던 두려움을 떨쳐내고, 정신병원을 탈출한다. 드디어 자유인이 된다.

정신병원은 곧 우리 사회의 축소판이다. 의사, 간호사 등 병원 권력은 지배 계층을, 환자들은 우리네 피지배 계층을 대변한다. 수간호사 미스 래취드로 대변되는 지배 계층은 병원을 지배하고, 통치한다. 매일 약과 치료라는 명목으로 피지배 계층인 환자들을 통제한다. 통제에 잘 따르면 문제가 없지만 맥머피같이 지배와 통제의 불합리성에 도전하는 사람이 나타나면 아예 제거해 버린다. 이렇게 맥머피가 없는 병원은 다시 수간호사의 의도대로 움직이게 될 것이다.

그러나 켄 키지는 인디언 추장의 존재를 남겨 놓았다. 권력에 침묵하고 있던 추장은 자신에 대한 통제의 불합리성에 대해 자각한다. 자유의지를 알려준 맥머피가 권력에 의해 진짜 정신병자가 된 걸 보고는 그를 죽인다. 자유의지를 상실한 인간을 죽음을 통해 자유롭게 하고자 한 것이었다. 그리고 병원을 탈출한다. 그렇게 그는 스스로 자유인이 되었다.

우리가 너무 바쁘게 살아가다 보니 자신에 대해 스스로 생각해볼 시간이 너무도 없다. 자신도 모르게 사회 시스템에 매몰된 것이다. 그렇게 사회생활을 하다 스스로를 잃는다. 나는 내가 나 자신을 잘 안다고 생각했다. 내가 자유의지를 가진 멋진 사람이라 자부했다. 그런데 어느 순간 나는 사회 시스템의 부속품이지 나 자신으로 서 있지 못한 나를 발견했다. 사실 나만은 특출한 줄 알았는데 착각이었다.

대개 우리는 자신이 무엇을 좋아하는지도 잘 모르고 산다. 자신에 대한 성찰의 시간이 없었기 때문이다. 약간의 여유 시간을 주면 어떤 걸 해야 할지 몰라 갈팡질팡하는 게 대부분의 경우다. 나의 시간을 내가 지배할 수가 없다. 주로 타인에 의해 이끌려온 삶을 살아왔기 때문이리라.

갑자기 퇴직한 분들의 모습에서 이런 모습을 본다. 젊은 학생들 중에서도 이런 예는 자주 볼 수 있다. 내가 나로서 살아본 경험이 거의 없기 때문이다. 사회 시스템에 파묻히지 않으려면 자기를 찾아야 한다. 영화 속 정신병원의 환자같이 병원 안에서 지시와 통제 속에서만 살 수는 없다. 맥머피는 사라졌지만 추장은 살아 있다. 우리 마음속에도 벙어리 추장이 아닌 자각한 추장이 있을 것이다. 그리고 곧 스스로 자유를 찾아 병원을 탈출할 것이다.

제2장

나의 행복은

··· 행복이란 무엇인가 ···

행복은 사람마다 느끼는 방식이 다르다. 지구 인구수만큼의 행복에 대한 정의定義가 있을 것이다. 여러분도 여러분만의 행복을 느끼는 방식이 있을 것이다. 그래서 행복을 정의하기가 쉽지만은 않다. 행복 관련 서적에 보면 다양한 행복을 이야기한다. 그런데 그 행복은 그 책을 쓴 사람 것이다. 행복 관련서를 읽는다고 행복해지지 않는다. 성공 지침서를 본다고 성공하지 않는 것처럼.

나는 나만의 행복을 정의했다. 여기에는 다른 사람의 의견은 필요 없다. 내 삶은 내가 사는 거니까. 내가 살아오면서 어떤 때 행복했었는지를 하나씩 꼽아봤다. 그러면 그 조합이 내가 행복을 느끼는 방식이다. 이런 자신만의 행복에 대한 정의는 꼭 필요한 과정이라고 생각한다.

행복하고자 하는데 행복이 뭔지를 모르고 행복할 수는 없다. 막연히 '내가 행복해지면 좋겠다'가 아니라 '난 이런 때 행복하니까 내 행복은 내 스스로 찾겠다'는 적극적인 자세가 필요하다. 타인은 기본적으로 나에게 관심이 없다. 남 눈치 보지 말고, 부모의 눈치도 보지 말고, 내 행복은 내가 찾아야 한다. 나의 파랑새는 어딘가에 있다. 여러분도 자신만이 느끼는 행복의 방식을 하나씩 정리해 보면 좋겠다. 그 조합을 구했으면 행복은 바로 여러분 곁에 있는 거다. 지금 당장 자신만의 파랑새를 찾으러 떠나자.

나 개인적으로는 아무것도 하고 있지 않고, 가만히 있어도 아무 걱정 없는 순간이 너무나 좋았다. 물론 몸이 아프지 않는 건 기본이다. 난 지난 10여 년간 거의 매일 주식시장 걱정 속에 살았다. 걱정이 직업이었다. 그러다가 어느 날 문득 가만히 앉아 있는데, 속된 말로 멍 때리고 있는데, 아무 걱정이 없는 나를 발견했다. 그 상태가 정말 좋았다. 뭔가 신나는 일을 하지 않아도 좋았다. 명상을 제대로 해 보지는 않는데 명상을 적극 권유하는 분들은 이런 기분 때문에 명상을 하는가 보다 하는 생각이 들었다. 아무튼 나의 첫 번째 행복은 아프지 않고, 걱정 없는 상태다.

역시 쓸데없는 걱정이 행복을 방해하는 큰 요소 중 하나이다. 과거에 대한 미련과 회한, 미래에 대한 걱정과 불안이 우리의 행복한 삶을 좀먹는다. 참선을 하는 사람들이 그래서 제일로 꼽는 게 '현재에 머무르기'이다. 나도 문득문득 미래에 대한 걱정과 불안, 과거에 대한 아쉬움 등에 휩싸일 때가 있는데 그럴 때마다 현재의 순간에 집중하려고 노력한다.

우리가 맞는 인생은 현재밖에 없다는 말이 맞다. 내가 현재 걷고 있다면 걷는 내 발 한 걸음 한 걸음에 집중하고, 밥을 먹고 있다면 내

입 속의 음식에, 차를 마신다면 차 맛에 집중하려고 한다. 놀랍게도 걸음에 힘이 느껴지고, 느끼지 못했던 음식 맛을 느끼게 되고, 간과했던 차의 향기를 느낄 수 있었다. 나의 두 번째 행복은 '현재에 집중하기'다.

여행은 행복에 대한 설문을 하면 빠지지 않고 나오는 아이템이다. 여행을 하면 '익숙한 것과의 결별'을 경험한다. 주변 환경이 낯설어지다 보니 긴장감과 흥분이 들고, 그래서 평소에 느끼지 못했던 해방감을 느껴 행복을 느끼는 것 같다. 나도 마찬가지다. 혹자는 우리나라에는 볼 것이 없다고 하는 사람이 있다. 오해다. 우리나라에는 볼 것이 정말 많다. 다만 우리의 산과 들이, 유적지가 나한테 너무 익숙해져 있어 아름다움을 덜 느낄 뿐이라고 생각한다. 아무튼 나는 여행에서 낯선 아름다운 풍광을 보면 가슴이 설레고, 그런 설렘이 너무 좋다. 새로운 것을 보는 것만 해도 즐겁고 행복하다.

만약 내가 미술에 대한 심미안이 있었다면 미술 작품을 보는 것으로 행복을 느낄 것이다. 그런데 아쉽게도 나에겐 그런 작품을 보는 눈이 없다. 다만 영화나 공연, 책을 보는 건 좋아한다. 평소에는 절대 나오지 않는 눈물을 영화나 공연, 책을 보고 흘리기도 한다. 눈물 뒤의 카타르시스가 좋다. 이렇게 나의 세 번째 행복은 '낯선 풍광과 훌륭한 작품 감상'이다.

가족과의 애틋한 시간, 어머니와의 전화 통화, 절친과의 대화 이런 데서도 깊은 행복감을 느낀다. 그런데 이는 인류 공통의 행복 요소이니 나만의 행복 정의에서는 살짝 빼놓겠다. 이건 기본이니까.

이쯤에서 조합해 보면 나는 "아프지 않고, 현재에 집중하며 평온한 마음을 가지면 된다." 덤으로 "여행과 예술 작품에서 느끼는 즐거움"
은 내 삶을 더 풍부하게 해 줄 것이다. 이게 나만의 행복에 대한 정의
定義다. 이제 나의 행복은 눈에 보인다. 찾기가 쉬워졌다.

행복에서 첨언하고 싶은 것이 있다. 우리가 행복하고자 하나 죽을
때까지 항상 행복할 수는 없다는 점이다. 매 순간 행복한 사람은 '미
친 사람'밖에 없다는 우스갯소리가 맞는 것 같다. 행복은 순간순간
존재하는데 이를 얼마나 많이 모으느냐가 얼마나 행복한 삶을 살았
는가를 결정할 것이다. 이스라엘 최고의 랍비로 불리는 하임 샤피라
가 좋은 지적을 했다.

사실 매 순간 행복한 사람은 있을 수 없다. 세상에는 정말로 '오래
오래 행복하게 사는' 사람들이 없다. 너무도 유명한 프로이트조차 태
초의 창조 계획에 인간이 행복해야 한다는 의도는 포함되지 않았다고
말했다. 매 순간 행복한 사람이 실제로 있다면 그에게 그 희한한 정신
병을 고쳐 줄 최고의 의료진을 소개해 주고 싶다.

그 누구도 1년 365일, 하루 24시간 행복할 수는 없다. 이는 분명한
사실이다. 그러나 몇 분의 행복, 짧은 은총의 순간, 어렴풋한 평온함
은 누구에게나 주어진다. 평화가 느껴지고 삶이 나아가는 방향이 만
족스러울 때가 있다. 따라서 가장 단순하게 말하면, 그런 순간을 최
대한 많이 모으려고 노력하라는 것이다. 그런 순간이야말로 삶에서

정말로 중요하기 때문이다.[11]

마지막으로 부처가 말한 행복론을 소개하고 싶다. 깊은 감동을 받은 문구이다. 행복해지려고 성공하려는 사람이나 '내가 대학을 가면 혹은 좋은 직장을 가지면 행복해질 것이다', '내가 돈을 많이 벌고 나면 행복해질 것이다' 등 행복에 어떤 조건을 붙이는 사람에게 다시 생각할 여지를 주는 말 같다.

"행복으로 가는 길은 없다. 행복이 바로 길이기 때문이다."

---

11 하임 샤피라 지음, 정지현 옮김, 『행복이란 무엇인가』, 21세기북스, 2013, 59쪽.

···왜 행복해야 하는가···

우리는 태어났기 때문에 결국 죽는다. '왜 행복하게 살아야 하는가'의 결론부터 얘기하면 우리가 언젠가는 죽기 때문이다. 우리 삶은 한 번밖에 없다. 이것도 균형(balance)이다. 삶과 죽음은 균형이다. 살려고만 해서는 안 된다. 그럴 수도 없다. 그런데 언젠가부터 우리가 스스로를 불사不死의 존재로 착각하곤 한다. 그런 착각이 무한 '원뿔타기'에 빠지게 한다. 일부러 죽으려고 해서도 안 된다. 내가 원해서 태어난 건 아니지만 살아 있다면 삶의 축복을 받아야 한다. 그래서 죽음이 자연스럽게 올 때까지 살아야 한다.

죽으면 끝일까? 아니면 영혼이 있어 사후세계도 있는 것일까? 누구나 죽음에 대해서는 많든 적든 두려움이 있다. 나는 그런 두려움이 사후세계를 만들고 영혼, 환생, 영생의 개념을 만들었다고 생각한다. 철학적 논쟁이 있지만 영혼은 입증할 수 없으니 우리는 이 현세만이 있다고 봐야 한다. 사후세계는 없다.

환생還生에 대해서도 난 믿지 않는다. 만약 전생前生이 있다고 하자.

전생이 있었으니 현생現生의 나도 있을 것이다. 그런데 나는 전생의 나를 기억하지 못한다. 현생의 내가 있으니 후생後生의 내가 있을 것이다. 그런데 후생의 내가 현생의 나를 기억하지 못한다. 나도 후생의 내가 어떤 존재일지 지금 알 수가 없다. 그렇다면 전생과 후생의 나는 내가 아니다. 나와 '나로서의 기억'을 공유하지 못한다면 남이다. 나와는 다른 존재다. 이건 다시 태어나는 것이 아니다. 전생과 현생, 후생의 나에게 공유되는 연속성이 없다. 그래서 나는 현생의 나만이 진정한 나라고 생각한다.

힌두교나 자이나교에서는 영혼과 같은 아트만(atman, 自我)이나 지와(jiva, 생명원리)가 있어서 어떤 존재가 죽으면 육체를 떠나 이 독립적인 아트만과 지와가 윤회한다고 하기도 한다. 그러나 불교에서는 윤회의 주체를 인정하지 않는다. 인간 존재는 비실체적인 몇 개의 요소들인 오온五蘊[12]이 조합된 형태인데 독립적인 영혼 같은 것이 불변하면서 윤회하는 것은 아니라고 본다. 죽는 존재와 다시 태어나는 존재는 다르며 다만 업에 의해 서로 이어질 뿐인 것으로 본다. 난 불교의 독립적인 주체가 존재하지 않는 윤회설에는 공감한다. 전생과 후생의 나는 나와는 전혀 다른 존재라고 봐야 한다.

예일대 셸리 케이건 교수는 '죽음(Death)' 강의로 유명하다. 그도 죽음은 모든 것의 끝으로 생각했다. 다만 그는 죽음 후에는 어떠한 것도 느끼고, 경험할 수 없기 때문에 죽음은 본질적으로 나쁘다고 할

---

12 색수상행식色受想行識의 다섯 가지. 쉽게 말하면 색은 육신을, 수상행식은 정신을 나타내는데 불교에서는 우리의 몸을 이 오온의 임의적인 조합으로 본다. 고정불변하는 주체가 있다고 보지 않고 업業, karma에 의해 존재 자체가 변화하면서 윤회한다고 본다.

수 없다고 했다. 죽음 자체가 나쁜 것은 아니지만 죽음이 일어남으로 해서 더 좋은 일이 앞으로 일어날 수 없게 되었기 때문에 나쁜 것으로 해석했다. 죽음은 행복해질 기회를 박탈한다. 그래서 살아 있는 우리는 행복해야 한다.

영생永生을 꿈꾸는 사람도 많다. 물론 현실에서는 불가능하지만 영혼과 사후세계, 종교적 힘 등으로 영생을 바라는 사람이 많다. 그런데 영생이 반드시 좋은 것일까? 나는 유시민의 의견에 적극 공감한다. 영생은 천년만년 사는 게 아니다. 영원히 사는 삶의 무서움을 그가 잘 표현했다.

영생은 축복이 아니다. 그것은 존재의 의미를 말살한다. 영원히 산다면 오늘 만난 사람들, 그들과 나눈 대화와 교감, 함께한 일들이 의미가 없어질 것만 같다. 그 모든 것이 다 굳이 오늘 하지 않았어도 좋았을 일이 된다. 어디에도 굳이 열정을 쏟아야 할 필요가 없다. 오늘 다 하지 못하는 일은 내일 하면 그만이다. 오늘 무엇인가 잘못해도 상관없다. 다음에 다르게 하면 된다. 영생은 삶을 시간의 제약에서 해방시킨다. 그런데 시간이 희소성을 잃으면 삶도 의미를 상실한다. 유한성의 속박에서 풀려나는 순간, 가슴을 설레게 하는 모든 것들이 무한반복의 쳇바퀴를 도는 지루한 일상으로 변해버리는 것이다. 삶이 영원히 계속된다면 언젠가는 죽고 싶어질지 모른다. 바위를 굴려 언덕 꼭대기까지 올리고, 그 바위가 아래로 굴러 떨어지고, 처음으로 돌아가 다시 바위를 굴려 올리는 행위의 무한 반복, 이것은 시시포스가 신들을 골탕 먹였다가 받은 형벌이었다. 죽을 수 없다면 삶은 형벌이 될 것이다. 너무나 간절하게 영생을 원한 나머지 그것을 구하는 일에 몰두하느라 유한한 인생에서 맛볼 수 있는 모든 환희와 행복을 포기하는 사람들을 보면 안타까운 마음이 든다. 나는 영생을 원하지 않는다. 단 한 번만, 즐겁고 행복하게 그리고 의미 있게 살고 싶을 뿐이다.[13]

우리는 사후세계도 없는, 환생도 영생도 아닌 유한한 삶을 산다. 우리의 본질은 유한한 존재다. 그런데 유한의 존재가 무한의 욕심으로 살고 있다. 유한의 물체에 무한의 물질이 들어갈 수가 없다. 풀어 쓰면 다 이해하는데 쉽지는 않다. 죽는 게 정해져 있는데 무한의 욕심으로, 영생의 욕심으로 사는 것을 나 스스로도 경계한다.

유한한 우리에게 '시간'은 제일 중요한 재산일지도 모른다. 사랑하기에도 시간이 부족한 우리 삶이다. 남 눈치 보고 살기에는 내 시간이 너무 아깝다. 일분일초가 아쉬운데 스스로를 옥죄며 남의 모범이 되어 살려고도 할 필요가 없다. 내가 나로서 잘 사는 게 제일 중요하다. 이 생명이 다하기 전에 행복하고 재미있게 살자.

---

13 유시민 지음, 『어떻게 살 것인가』, 도서출판 아름다운사람들, 2013, 46~47쪽.

··· 거꾸로 나이 세기 ···

나는 펀드매니저로 일하다 응급실에 두 번 실려간 적이 있다. 한 번은 내가 내 몸을 간수할 수 없을 정도로 심한 현기증이 지속됐었다. 술을 마신 것도 아닌데 땅이 순간 솟구쳐 올랐다. '아, 이렇게 죽는구나' 하는 생각이 스쳤다. 응급실에 실려가서 심전도부터 정맥, 동맥 피검사, 뇌파 검사 등 여러 가지 검사를 했다. 의사는 이상이 없다고 했다. 단지 극심한 스트레스가 날 쓰러뜨린 것이었다.

의사가 이상이 없다고 하는데 어지럼증은 지속적으로 발생했다. 그후로도 사방이 막힌 회의실에서는 30분을 버티기 어려웠다. 막힌 공간에 오래 있으면 어지러웠다. 후유증이 있었다. 그 후로도 병원을 몇 군데 갔었는데 의사가 보는 기록에는 별 이상이 없는 것으로 나왔다. 마음의 병, 정신의 병 때문에 아팠던 것이었다.

두 번째에는 심장 주변의 극심한 통증으로 응급실에 갔다. 전날 밤자기 전에 약간의 통증이 있었는데 아침에는 고통이 더 심해졌다. 심장 주변이라 혹시나 심장이 멎지나 않을까 걱정이 됐다. 3D CT란 걸 찍었다. 다음 날 나보다 젊어 보이는 의사가 나를 검진했다. CT 사진을 보여주었다. 심장이 정말 튼튼하다는 거다. 꾀병이 절대 아닌데 의사는 이상이 없다고 했다. 그런데 나는 너무나 아팠다. 죽음의 그림자가 드리운 것 같았다.

물론 지금은 어지럼증도 없고, 가슴이 아프지 않다. 주식을 안 보고 있기 때문이기도 할 것이고, 회사를 그만둔 이후로는 딱히 스트레스를 받을 일이 없기 때문이기도 할 것이다. 두 번의 응급실행으로 나는 내 삶과 죽음에 대해 보다 진지하게 생각해 보게 됐다. 당시만 해도 30대 중·후반 한창 젊은 나이였다. 지금도 늙었다고는 생각하지 않는다. 내 세대는 평균수명이 90세는 될 테니까.

2011년 통계로 보면 우리나라 평균수명은 81세다(남자는 77세, 여자는 84세). 지금 평균수명이 81세니까 이 추세로 가면 현재 40대면 90세 정도, 지금 20~30대는 정말 평균수명 100세 시대를 맞이할 확률이 높다.

나는 응급실에 간 이후로 나이를 거꾸로 세기 시작했다. 앞으로 사고가 없다는 전제로 내 수명을 보수적으로 80세로 잡았다. 더 살면 덤이고, 그보다 짧게 살게 되면 인명재천人命在天이라고 여긴다. 만 41세가 될 때 내 나이는 그냥 '41세'가 아니라 "길어야 39년 남았다"가 나만의 나이가 됐다. 50세가 되면 "길어야 30년 남았다"가 될 것이고, 65세가 되면 "길어야 15년 남았다"가 내 나이가 될 것이다.

나이를 거꾸로 계산하다 보니 내 삶이 보다 절박해졌다. 그냥 숫자만 바뀌는 것 같지만 '몇 년을 살았다'가 아니라 '몇 년이 남았다'가 되니까 삶을 대하는 태도가 달라졌다. 몇 년 남은 내 인생 보다 알차게 보내야겠다는 다짐을 다시금 하게 된다. 그동안 하고 싶었던 것을 다음 기회로만 넘기지 않게 되었다. 다음 다음의 마지막에는 죽음이 기다리고 있기 때문이다. 내가 여행 가고 싶으면 당연히 짬을 내서 가는 것으로, 좋은 공연이 있으면 "죽기 전에 그런 공연은 당연히 봐야지"란 식으로 바뀌게 됐다. 유치한 발상일 수도 있지만 현재를 항상 희생하며 미래만 바라보던 나 자신이 바뀌는 경험을 했다.

죽음은 무섭고 피해야 할 대상이 아니다. 그 자체로는 내가 봐도 나쁜 게 아니다. 자연의 이치이다. 내가 결국은 받아들여야 하는 하나의 사건일 뿐이다. 내가 죽는다는 사실을 인정하면 내 삶이 새롭게 보인다. 그렇게 아등바등 사는 것도 줄어들 수 있다. 하루하루가 지나가는 것이 아쉽게 느껴진다. 한정된 내 인생을 보다 알차게 보내고 싶다. 이렇게 나이를 거꾸로 세어 보는 것은 새로운 경험이 될 것이다. 원뿔만 보고, 앞만 보고 달리는 경주마에서 탈출할 수 있는 좋은 계기가 될 수 있을 것이다.

수명을 계산하는 또 다른 나의 방식이 있다. 이를 그냥 '원뿔수명계산법'으로 명명하고자 한다. 세상에 없는 용어를 내가 만드는 것도 재미있는 일 중 하나다.

내 경험을 토대로 말씀드린다. 펀드매니저로 한창 열심히 일할 때 출근 시간이 오전 7시였다. 새벽에 마감된 미국시장 시황 확인, 기관 외국인 수급 파악, 애널리스트가 보내오는 이메일 확인, 아침 회의 준비로 1시간여를 보내고 아침 회의를 한다. 그리고 9시에 본격적으로 주식시장이 열린다. 11시 반부터 점심. 한 시간여 애널리스트나 동료 매니저와의 점심, 혹은 점심 세미나. 3시까지 주식시장 지속. 3시에 당일 매매를 정리하고, 3시 반에 기업 탐방 출발. 보통 4시에 업체 IR 과 미팅을 시작해 5시에서 5시 반까지 마무리. 다시 회사로 복귀하면 7시 내외. 기업 탐방을 가지 않는 날은 기업 실적 발표장이나 애널리스트와의 업종, 종목 세미나 등으로 대체. 저녁 식사 후 기업 방문 리포트를 작성하고, 하루 200~300여 통의 메일 중 중요한 메일 사항 체크 후 퇴근. 집에 오면 9시~10시. 일이 좀 늦어지면 11시~12시.

펀드매니저 초기 5년은 거의 이런 식이었다. 하루에 내 시간은 몇 시간인가. 내가 나로 사는 시간이 없었다. 그냥 바빴다. 이후 연차가 차면서 상황이 나아지긴 했지만 하루에 나 자신을 위해 보내는 시간은 2~3시간이 채 되지 않았다. '원뿔수명계산법'으로는 내 수명이 평균수명의 절반 정도밖에 되지 않았다.

아주 평균적인 직장인의 경우 9시에 출근해서 6시에 퇴근한다고 보자(그런데 이런 평균적인 사람이 우리나라에 없을 수도 있다. 심각한 야근 때문에). 7시 쯤 집에 와서 저녁 식사를 하고 가족과 시간을 보내다 12시쯤 잔다고 하면 이 사람이 자신을 위해 낼 수 있는 시간은 가족과 함께 지내는 시간 포함해서 4시간 정도라고 볼 수 있다.

'원뿔수명계산법'으로 보면 이 사람의 하루는 4시간이다. 나머지 20 시간은 이 사람에게 의미 없는 시간이다. 물론 인기 강사 김미경이 말하는 것처럼 자신의 꿈과 직업이 동일한 극소수의 '드림 워커(Dream Worker)'는 이 계산법에서 제외다. 자신이 좋아하는 일을 직업으로 하는 사람은 정말 행복한 사람이다. 다만 대부분의 사람들은 자신이 좋아하는 일과 직업이 다르다는 게 문제다.

평균적인 직장인은 4시간 정도 자신을 위해 시간을 쓸 수 있다. 이 사람이 하루에 8시간을 자신을 위해 쓸 수 있다면 이 사람의 수명은 두 배로 늘어난 셈이다. 12시간을 자신을 위해 시간을 낼 수 있다면 수명은 세 배로 늘어난다. 수명을 늘리는 방법은 두 가지다. 자신이 좋아하는 일을 직업으로 삼아서 일하는 것과 노는 것의 구분이 가지 않게 하는 방법이 첫 번째다.

두 번째 방법은 일하는 시간을 줄이고, 자신의 시간을 보다 많이 갖는 것이다. 두 번째 방법은 직장을 다녀서는 힘든 방법이다. 회사원과 공무원이 되어서는 풀 수 없는 문제다. 직업을 아직 선택하지 않은 청년들이 한 번쯤 고민해봤으면 좋겠다.

이 '원뿔수명계산법'은 자신만을 위한 시간의 중요성을 강조하기 위해 개발한 계산법이다. 내용 자체만으로는 너무 이상적일 수 있다. 그러나 이 계산법으로 생각하기 시작하면 돈과 성공보다는 또 다른 자산인 시간과 행복에 대해 생각해볼 기회가 많아질 것이다.

···중용과 행복···

　유교는 우리 사회를 600년 가까이 지배해왔다. 조선의 건국 사상이
었고, 이후 민주공화국인 대한민국이 세워졌으나 우리 의식의 근저에
는 유교 사상이 여전히 남아 있다. 유교를 비판하는 사람이 많다. 특
히 형식주의, 서열주의는 비판의 핵심이 되기도 한다. 오죽하면 『공자
가 죽어야 나라가 산다』[14]라는 책도 나왔다. 그러면 유교는 정말 나쁜
사상인가. 우리 사회를 좀먹는 폐단의 집합소인가. 여기에도 오해가
있다. 우리는 지배층에 의해 변질된 유교만 바라본 것이다.

　유교를 대표하는 성전聖典은 논어論語다. 사서삼경의 하나로 공자와
제자간의 문답을 간결하고 함축성 있게 기재해 공자의 가르침을 가장
잘 전하고 있는 책으로 평가된다.

　이 논어를 한 마디로 압축하면 극기복례克己復禮로 요약된다. 풀어
쓰면 '자신을 극복하고 예로 돌아간다'는 얘기다. 극기복례는 개인의

14　김경일 지음, 『공자가 죽어야 나라가 산다』, 바다출판사, 2012.

자유의지보다는 사회의 질서를 더 소중히 여긴다는 의미다. 노자의 사상과는 서로 대척점에 있다. 노자는 개인의 자유의지와 독립성을 강조했다.

그러면 논어는 나쁜 책인가? 절대 그렇지 않다. 공자가 살았던 당시의 역사적 상황도 함께 봐야 한다. 공자는 BC 551년에 태어나 BC 479년에 생을 마쳤다. 춘추시대(BC 770년~BC 403년) 후기 사람이다. 공자가 태어나기 전에 중국은 200여 년간 제후국 사이에 분쟁이 끊임없던 시기였다. 혼란의 시기였다. 그 당시에 가장 중요한 것은 안정과 질서였다. 공자는 그 질서를 얘기했다. 그 당시의 시대정신을 얘기한 것이다. 그래서 당시 이후 지배자들은 제자백가諸子百家의 사상 중에 유교를 택했다. 질서가 필요한 시기였기 때문이다.

그런데 유교에는 논어만 있는 게 아니다. 사서四書도 있고, 삼경三經도 있다. 그중에 중용中庸이라는 위대한 책이 있다. 유교에서 말하는 행복론이다. 유교는 사회질서와 안정뿐만 아니라 개인의 행복도 같이 얘기를 했다. 균형 감각이 있었다.

우리가 부정적으로 보는 형식, 서열주의 등의 병폐는 조선시대 지배자들에 의해 변질된 것이다. 그들은 한 방향으로만 갔다. 견제 세력이 없었다. 조선 전기의 사대부는 그나마 건전했다. 그러나 후기의 주도 세력이었던 노론은 독주를 했고, 견제를 거의 받지 않았다. 그들은 왕을 입맛에 맞게 골라서 선택했다. 왕보다 힘이 셌다. 그들의 견제 세력이 될 수 있었던 북인은 너무 일찍 제거되었다. 그리고 남인과 소론은 힘이 약했다. 그래서 균형 감각을 잃었고, 변질되었고, 썩었다. 그래서 결국 망했다.

중용을 성균관대 철학과 이기동 교수는 행복으로 가는 사다리라고
표현했다. 그의 얘기를 들어보자. 역사의 흐름에는 음과 양이 있다.
역사에 한 방향은 없었다. 오름이 있었고, 내림이 있었다. 그리고 몸
의 시대가 있었고, 마음의 시대가 있었다. 지금까지는 몸의 시대였다.
몸이 중요해지면 물질이 필요하다. 물질을 소중히 여기는 시대가 중
세 이후에 이어졌다. 마음이 빈곤한 시기였다. 그런데 이제는 마음의
시대를 앞두고 있다. 사람들은 물질 만능에 지쳐갔고, 그 정점 즈음
에 와 있다. 마음의 빈곤이 극에 달해 마음을 찾기 시작한 것이다.

중용에서는 사람의 마음이 본심本心—혹은 양심良心—과 욕심欲心으
로 이뤄진다고 했다. 원래는 본심이 마음이라는 항아리의 주인공이었
다. 그런데 욕심이란 도둑이 들어와서 점차 커졌다. 그러면서 마음이
흐려진다고 봤다. 주객이 전도되고 있는 것이다. 아직 주객이 전도되
지 않은 상태, 즉 본심이 마음의 대부분을 차지하는 사람을 군자君子
라 한다.

반대로 이미 주객이 전도된, 욕심이 본심보다 더 큰 사람을 소인小人
이라 한다. 유교에서 군자의 삶을 그리도 강조하는 것은 행복하기 위
해서는, 본심을 회복해야 하기 때문이다. 욕심은 고통의 원인이다. 계
속 커지는 욕심을 절제하려고 할수록 스트레스의 크기는 커진다. 중
용에서는 욕심을 절제의 대상이 아니라 버려야 하는 대상으로 본다.

이 마음의 항아리는 하늘과 맞닿아 있다. 하늘뿐만 아니라 이 세상
의 모든 사물과 맞닿아 있다. 하늘과 세상의 모든 사물과 나는 서로
마음이 통하는 상태인 것이다. 서로 마음이 통한 거면 하늘과 사물과
나는 다른 존재가 아니다. 이렇게 다른 사람과 나는 하나로 통하는

존재다.[15] 그런 마음이 있으면, 즉 마음이 본심으로 채워져 있으면 욕심이 들어올 자리가 없다. 다른 사람이 잘되는 건 나도 같이 잘되는 것이기 때문이다.

그런데 인간은 욕심 때문에 이 마음의 항아리를 닫아 버리기 시작했다. 도둑인 욕심이 주인인 본심을 몰아낸 것이다. 통하지 않으니 항아리 안에서 마음이 썩는다. 그러면서 욕심이 본심을 완전히 먹어 버리는 것이다. 이렇게 하늘과 사물과 나의 소통이 막히게 된다. 서로 욕심을 가지고 불행해진 것이다.

우리가 세상의 사물, 하늘과 다시 소통하려면 이 마음의 항아리 뚜껑을 열어야 한다. 그러면 다시 하늘과 세상 만사와 내가 같이 통하게 된다. 그러면 우리는 다시 하나의 자연이 되어 행복한 상태로 될 수 있다. 이런 본심을 회복하는 것을 맹자는 배움이라고 했다. 자신의 마음이 욕심에 먹혔다는 것을 배움을 통해 깨우치고, 다시 자연 상태, 행복의 상태로 돌아가야 한다는 것이다.

원래 자연의 상태, 하늘과 사물과 내가 통하는 상태, 행복의 상태로 돌아가는 방법론으로 중용에서는 수신修身을 얘기했다. 이 수신의 길에 대해서 칭화대 펑차오추이 교수는 세 가지로 요약해 제시한다.

첫째는 수정守靜이다. 고요함을 지키는 것이다. 평정심을 유지하는

---

15 중용에서 마음은 본래 본심으로 가득 차 있어 나와 하늘과 세상만물이 통하는 것으로 나와 하늘과 세상만물이 하나라고 얘기하는데 사실 이 개념은 반야심경般若心經의 주요 내용과 비슷하다. 반야심경은 큰 지혜로 원래 본심의 존재空를 자각하고, 분별을 일으켜 생긴 색色과 본심인 공空이 다른 게 아님을 깨달아 집착이 없는 청정한 마음 상태佛로 돌아가겠다는 내용이다. 인간의 '마음' 혹은 행복의 근원에 관해서는 불교와 유교가 크게 다르지 않다.

것을 말한다. 평정심을 유지하는 데에는 독서와 명상이 도움이 많이 된다고 추천한다.

두 번째는 존양存養이다. 본심을 잃지 않도록 그 착한 마음을 기르는 것을 말한다. 그는 마음을 살펴 하늘의 뜻을 구하라고 했다. 앞에서 살펴본 하늘과 사물과 내가 하나로 통하는 상태로 가라는 얘기다. 그리고 삶 자체가 예술이어야 한다고 얘기한다. 생활 속의 사소한 부분에서 의미를 찾는 법을 배우라는 것이다. 사람은 때때로 자신의 이성과 다르게 행동하기도 한다. 일과 취미생활도 행복과 즐거움을 위해 하는 것이다. 그런데 어느 순간 우리는 일을 위한 일을 하고 있다. 이렇게 스트레스가 생기는 이유는 삶의 의미를 찾을 줄 모르고 삶을 즐기지 못하기 때문이다.

세 번째는 자성自省이다. 스스로 살피는 것이다. 스스로 살피면 패러다임을 깨고 한계를 허무는 힘을 가질 수 있다. 이건 노자가 말한 무위無爲와 비슷한 말이다. 대가大家들은 이렇게 서로 통하는 게 있다.

중용은 하늘과 사물과 나의 개념에 대한 설명을 통해 행복을 위해서는 본심의 회복과 탐욕을 멀리할 것을 얘기한다. 자연의 이치로 행복을 설명한다. 원래 우리는 본심으로 가득한 행복한 존재였다. 도둑이 들어와 우리의 행복을 빼앗아 가려고 한다. 도둑은 잡아야 한다. 우리의 행복은 우리 스스로 지켜야 한다. 원래 "하늘과 나와 너의 마음은 서로 맞닿아 있는 존재다." 이 상태를 지켜보자. 그럼 행복은 우리 것이다.

··· 태평성대는 없다 ···

    스마트폰이 생기면서 인터넷 접속도, 뉴스 검색도 편해졌다. 언제 어디서든 터치 한 번이면 세상 돌아가는 얘기를 볼 수 있다. 굳이 뉴스를 보고자 컴퓨터 있는 곳에 가서 부팅될 때까지의 시간을 들이지 않아도 된다. 과학기술의 발전으로 몸은 과거에 비해 엄청나게 편해졌다.

    그런데 요즘은 세상살이가 워낙 팍팍하기 때문에 뉴스 댓글은 민초들의 성토장이 되는 경우가 많다. '어느 정권이 문제다', '누가 정치를 하면 살기가 좋을 텐데', '누구 때문에 나라가 어지럽다', '누구 때문에 우리만 힘들어졌다' 등 남 탓을 하는 경우를 많이 본다. 수년 전보다 댓글의 강도가 점차 강해지고 있다고 느껴진다. 시간이 지날수록 삶의 질이 개선되기보다는 악화되고 있다는 얘기겠다.

    안타깝게도 역사의 흐름을 보면 서민들이 모두 살기가 좋았던 태평성대太平聖代 시절은 거의 없었다. 굳이 역사책을 안 펴도 된다. 중국 역사에서 태평성대는 요순시대堯舜時代가 다라 해도 과언이 아니다. 그것도 역사시대인지, 전설의 시기인지 불명확하다. 억지로 추가하자면 주周 문왕, 당唐 태종, 현종, 송宋 태종 시대 정도 꼽을 수 있겠다. 중국 역사시대 3,000년 중 태평성대는 손으로 꼽을 수 있을 정도로 짧았다.

중국은 고대 왕국을 제외하고는 왕조의 평균수명이 200~300년 내외다. 나라 한 번 세우고 안정되는 데 수십 년, 약간의 평화 시기. 그리고 여지없이 과도한 세금 때문에 민초들은 수탈당했다. 그 수탈이 정점에 이르면 민심이 이반되고, 사실상의 민란民亂으로 왕조가 전복됐다.

중국 왕조사의 흐름을 보자. 이민족에 의해 역사의 주류 왕조가 바뀐 건 딱 두 번밖에 없다. 몽골족이 세운 원元과 만주족이 세운 청淸. 이 외는 민심 이반으로 왕조가 교체됐다. 그 사이 민초들은 잘살았을 까? 서민들이 모두 잘사는 시대는 꿈에서나 존재한다는 얘기다.

우리나라 역사에는 언제가 태평성대였을까? 통일신라 시대 초기, 세종대왕 시대. 조선 국력이 최고점에 오른 성종 시대. 그러고는 잘 떠오르지 않는다. 영·정조 시대? 거기도 포함해 보자. 워낙 태평성대가 드무니. 그러고는 잘 생각나지 않는다. 삼국시대에는 삼국 간의 전쟁이 지속되었다. 매년 전쟁을 한 건 아니지만 서민은 잦은 전쟁과 세금으로 힘들었다. 고려 시대도 귀족 중심 사회였다. 불교 국가라 승려도 지배 계층이었다. 여기에도 서민은 안 보인다. 역사 시대에 사회 지배 계층은 잘살았는지 모르지만 대부분의 민초들은 힘든 삶을 살았다.

우리 민족 최대 번영 시기 중 하나인 지금은 태평성대라고 할 수 있을까? 역사상 중국에 그나마 큰소리칠 수 있었던 시기가 몇 번 안 됐는데 수년 전까지만 해도 우리는 중화인민공화국을 한 수 아래로 보왔다. 그만큼 강대국 대한민국에 살아도 민초는 힘들다.

　내가 여기서 말하고자 하는 건 행복은 우선 내가 스스로 구해야지 남이 가져다 주기만을 바라서는 안 된다는 것이다. 물론 우리 사회에 정치와 제도에 문제가 많다는 건 나도 인정한다. 그래도 스스로 주인의 마음을 가져야지 남 탓만 해서는 안 된다. 그건 욕심이다. 국가가 나의 모든 것을 알아서 뒷바라지해 주기를 기대하는 것은 욕심이다. 정말 변화를 원하면 뒤에 숨지 말고, 당당히 요구해야 한다. 방 뒷면에서 불만만 토로해서는 아무것도 안 바뀐다.

　우리는 서구 선진국의 복지가 좋다고 부러워하기도 한다. 그건 복지만 보고 그 이면의 50%에 가까운 고세율을 보지 않아서다. 우리나라에 이런 고세율을 바로 적용할 수는 없다. 시간이 많이 필요한 문제다. 북유럽 선진국의 경우 세금이 많다고 국적을 바꾼 사람도, 바꾸려는 사람도 많다. 역사상 태평성대가 드물었다. 그렇다면 지금 태평성대가 바로 찾아와주기를 바라는 것은 운에 나의 삶과 행복을 맡기겠다는 얘기다. 내가 스스로 내 삶을 개척한다는 생각이 먼저다. 남 탓은 자기 불평일 뿐이다. 아무도 들어주지 않는다.

　나도 민초이고, 그래서 민초의 마음과 같다. 그런데 우리 민초들의 불평 중 마음에 걸리는 부분이 있다. 자신들은 약자이니 조금의 희생도 없이 힘 있고 강한 사람의 희생만을 바란다는 점이다. 가난하고 힘없는 사람도 중용의 마음을 가진다면, 나와 강한 자의 마음이 하늘에 닿아 통한다면 무조건적으로 강자의 양보만을 요구할 수는 없다. 우리도 그에 따른 뭔가를 보여줘야 한다. 그리고 나서 요구해야 한다.

강자가 만약 경제적인 면에서 양보를 한다면 약자는 존경과 감사의 마음이라도 표현해야 한다. 강자가 자신을 내려놓고 배려하는 걸 당연시해서는 안 된다. 누구도 이 당위성을 주장할 수 없다. 난 이게 중용의 마음이라고 생각한다. 중용의 마음은 강자도 약자도 함께 가져야 한다.

나는 힘이 있고, 많이 가진 사람들이 스스로 하늘의 마음과 닿길 바란다. 나와 하늘과 네가 다른 존재가 아니라는 측은지심惻隱之心을 갖기 바란다. 우리의 힘 있는 사람들은 너무나 많이 가졌다. 그래서 약한 사람을 기쁜 마음으로 도와주는 하늘과 통한 마음을 갖기를 간절히 바란다. 그리고 약한 사람은 강자의 배려를 약자의 권리로 생각해서는 안 된다. 그래야 중용의 마음, 하늘과 나와 네가 서로 통하는 선순환이 시작될 수 있다. 이것도 한 방향으로만 가서는 안 되는 것이다. 이것도 균형이다.

···탐욕과 두려움···

　행복의 가장 큰 방해물은 욕심이다. 중용에서의 지적이 맞다. 성공에의 지나친 탐욕, 사람에 대한 탐욕, 물건에 대한 탐욕, 명예에 대한 탐욕이 우리의 눈을 멀게 한다. 이미 우리가 한 번쯤은 경험해 본 바다. 욕심, 조금 강하게 얘기하면 탐욕인데 탐욕에 대한 감정은 본질적으로 어떤 것일까? 탐욕을 이겨내려면 탐욕이 무엇인지 먼저 알아야 한다. 그래야 탐욕을 극복할 수 있는 방법도 알아낼 수 있다.

　감정의 철학자 스피노자를 열심히 연구한 학자가 있다. 내가 막연히 알고 있던 탐욕을 보다 깊이 공부한 사람이다. 탐욕을 이해하는 데 많은 도움을 받았다. 철학자 강신주가 말하는 탐욕과 탐욕을 벗어나는 데 도움이 되는 그의 어드바이스를 들어 보자.

　탐욕에는 중용이 있을 수 없다. 탐욕의 상태는 목이 말라서 바닷물을 마신 상태에 비유할 수 있기 때문이다. 바닷물을 마시면 잠시 동안 갈증은 해소된다. 그렇지만 얼마 지나지 않아 과거보다 더 강한 갈증이 찾아오게 된다. 불교에서는 '갈애渴愛'라는 말이 있다. '목이 마르는 애착'이라는 뜻이다. 마실수록 더 마시게 되는, 밑도 끝도 없이 치명적으로 중독적인 욕망이 바로 갈애이자 탐욕인 셈이다. 이제 충분히 돈을 벌었으니 지금부터는 삶을 영위하도록 하자. 바로 이런 절제력이 탐욕에서는 거의 불가능하다.

아이러니하게도 관심과 애정을 받기 위해 돈을 벌려고 했지만, 돈에 대한 갈망이 커질수록 우리는 인간과 인간이 만나는 직접적인 관계에서 멀어질 수밖에 없다.

이런 딜레마, 돈에 대한 갈망에서 빠져나올 방법은 있을까? 돈은 여행을 가려고, 맛난 음식을 먹으려고, 혹은 멋진 옷을 사기 위한 수단이다. 그리고 돈은 또한 사랑하는 사람들 사이의 관계를 부드럽게 해주는 윤활유다. 바로 이것이다. 돈에 대한 갈망에서 벗어나는 유일한 방법은 있다. 최적생계비를 계산하고, 그것을 삶에 관철하는 것이다. "됐어, 이 정도면 됐어. 이제 삶과 사랑을 향유해야지." 갈망에서 자유로워지는 첫걸음은 이렇게 내딛는 것이다.[16]

강신주는 탐욕을 바닷물을 마시는 것과 같다고 정의했다. 마실수록 더한 갈증이 찾아오는 상태다. 이건 내가 말하는 무한 '원뿔타기'와 다름이 없다. 하나의 원뿔에 오르면 끝이 아니라 또 더 높은 원뿔이 기다리고 있다. 유한한 존재가 무한에 도전하기 시작한 거다. 그래서 갈애를 느끼다 죽는다. 죽기 전에야 자신의 탐욕을 알아챈다. '아, 살아 있을 때 좀 더 베풀걸, 살아 있을 때 좀 더 가족에게 잘할걸, 살

---

16 강신주 지음, 『강신주의 감정수업』, 민음사, 2013, 99~106쪽에서 발췌.

아 있을 때…'

내가 처음 증권회사에 입사했을 때 본사 영업부에 발령을 받았다. 거기서 옵션을 무지 잘하는 중년의 한 투자 상담사를 만났는데 투자 자산이 수백억이 넘었다. 사회적 기준으로 보면 엄청 성공한 사람인데 그의 생활을 보면 꼭 부러운 것만은 아니었다. 엄청난 재산을 가졌음에도 항상 옵션 매매에 대해 고민하고 살았고, 자신을 위해서 돈을 크게 쓰는 걸 볼 수 없었다. 정해진 패턴을 두고 매일 똑같은 일상의 반복이었다. 엄청난 재산을 가졌음에도 불구하고, 투자에 대한 고민 때문에 다른 것을 할 여력이 없었던 것으로 보였다.

나는 얼마 후 회사를 옮겨서 다른 사람을 통해 그의 얘기를 들었었는데 그가 거듭된 성공으로 자산이 1,000억대를 넘었다고도 했다. 옵션 양매도로 옵션의 시간가치를 버는 매매를 했었는데, 이 매매 기법은 시장 변동성이 작을 때는 쉽게 돈을 벌 수가 있지만 시장 변동성이 커지면 손실이 무한대로 커질 수 있는 매우 위험한 매매 방식이다. 그는 결국 2008년 금융 위기 이전 변동성이 큰 시장에서 자산의 절반을 잃었고, 금융 위기가 발생했을 때 자신의 자산을 다 잃고도 모자라 회사에 백수십 억의 손실까지 끼쳤다고 들었다. 수십 억대의 집과 부동산으로 변제를 하고도 엄청난 빚을 지고 파산했다.

나는 증권업계에 있으면서 이런 류의 탐욕을 많이 봐 왔다. 10억을 벌면 50억을 벌고 싶고, 50억 벌면 끝내야지 하면서도 그걸 채우면 100억을 바라본다. 100억을 벌면 주변의 500억, 1,000억 가진 사람들과 비교하며 다시 자신을 채찍질한다.

돈에 대한 갈애의 상태에 빠진 사람을 많이 보면서 강신주가 정의

한 탐욕의 상태에 대해 보다 더 공감할 수 있었다. 그들이 돈과 성공만이 아닌 다른 가치를 볼 기회가 있었다면 죽을 때까지 자신을 몰아붙이며 그 숫자놀음에만 연연하지는 않았을 것이다. 자신이 성취한 것에 대한 만족이 탐욕을 가라앉힐 수 있다. 성취의 크기는 중요하지 않다. 해낸 것만 해도 훌륭한 것이다. "이 정도면 됐어. 이제 삶과 사랑을 향유해야지." 이 경구는 탐욕에 대한 경종으로 활용하기 좋은 하나의 주문呪文이 될 수 있다.

행복을 방해하는 두 번째 위협 요소로 나는 두려움을 꼽고 싶다. 현재에 머무르지 못하면 미래에 대한 두려움에 휩싸이게 된다. 사소한 일이라도 미래라는 불확실성과 결합되면 온통 머릿속에는 미래에 대한 걱정뿐이다. 걱정은 행복을 좀먹는다. 그런데 그 걱정이라는 게 사실 안 해도 되는 게 대부분이다. 걱정하는 것의 95% 이상은 발생하지 않는다고 한다. 그러면 두려움은 어떤 감정일까? 강신주에게 두려움과 그에 대한 대처 방법도 같이 들어보겠다.

두려움이란 감정은 두 가지 요소가 결합되어 발생한다고 하겠다. 과거의 아픈 기억과 미래의 불확실성에 대한 염려! 어쨌든 두려움은 우리의 현재를 좀먹는 감정인 것은 숨길 수 없는 사실이다. 아픈 기억은 우리를 과거로 보내고, 지나친 염려는 우리를 미래로 던져 버리기 때문이다. 어떻게 하면 두려움을 극복하고 현재의 삶을 향유할 수 있을까? 가장 중요한 것은 가벼움을 확보하는 것이다. 그러니까 지금 가진 것에 연연하지 말아야 한다는 것이다. 지금 가진 것, 즉 건강, 젊음, 직장, 애인 들은 모두 항상 떠날 수 있다는 사실을 받아들여야 한다. 혹은 언제든지 버릴 수 있다고 생각하는 것이 좋다. 지금 가지고 있는 모든 것들은 잠시 내 곁에 있을 뿐이라는 것을 안다면, 미래에 대한 두려움의 감정은 그만큼 줄어들 것이다. 지금 내게 있는 어떤 소중한 것에 대하여 그것이 곁에 머물러 있으면 행복한 것이지만 그것이 떠나 버린다 할지라도, 그것을 상실로 받아들이지 말고 원래 상태로 돌아간 것에 지나지 않는다고 생각할 것! 그러면 안개가 걷히듯 어느 사이엔가 두려움이라는 감정은 여러분 곁을 떠나게 될 것이다.[17]

그의 어드바이스를 보고 잠시 잊고 있던 사실을 깨달을 수 있었다. '공수래空手來 공수거空手去!' 내가 빈손으로 왔다가 빈손으로 갈 존재라는 걸 잠시 망각했었다. 그가 말하는 가벼움은 원래 우리는 빈손이었다는 것을 말해준다. 원래 내가 가진 것은 없었다. 발가벗고 태어났다. 그런데 지금 가진 것도 많은데 무엇을 더 바라겠는가. 이것도 욕심이다.

반야심경般若心經에 '무가애고無罣碍故 무유공포無有恐怖'란 구절과도 일맥상통한다. 집착을 하지 않으면 마음에 거리낌과 장애가 없어져 두려움이 없다는 얘기다. 원래 가진 것 없는 빈손으로 왔다는 생각, 집착이 없어 고마운 존재조차 원래 없는 존재인데 잠시 와 있어준 것이란 생각은 사실 같은 말이다. 괜한 욕심과 집착으로 내가 허상을 만들었고, 이를 통해 스스로 두려워하는 어리석음을 범하고 있다. 충분

---

17 강신주 지음, 『강신주의 감정수업』, 민음사, 2013, 356쪽에서 발췌.

히 가졌음에도 더 가지려고 하는 욕심이 두려움을 만든다. 욕심과 두려움의 근저는 이어져 있다. 결국은 탐욕이 우리의 본심을 밀어내고 들어와 자연과의 소통을 방해하고, 나를 불행하게 만드는 것이다.

나의 영원한 스승인 법왕심法王心은 부자가 가난한 이유를 이렇게 설명했다. 부자가 100을 가지면 99가 되는 걸 용납하지 못한다. 100을 모았으면 100을 쓰는 게 정상인데 99가 되는 게 두렵기 때문에 쓰지를 못한다. 결국 자신이 만든 100을 지켜야 한다는 허상 때문에 부유하면서도 재산이 줄어드는 두려움 때문에 가난해진다는 것이다. 100은 쓰려고 모은 것이다. 100이 또 다른 시작점이 돼서는 스스로 가난해질 수밖에 없다. 100이 아닌 0을 시작점으로 생각하면 부자는 두려움이 아니라 부자로서의 행복을 누릴 수 있다. 어차피 우리는 저 세상에 0을 가지고 가는 존재다.

···감탄, 그 고귀한 발견···

문화심리학자 김정운은 천재다. 콜럼버스가 신대륙을 발견해서 세계의 역사를 바꿔놓은 것처럼 그는 '감탄'을 발견했고, 인간이 동물과 다른 점을 한마디로 정의했다. 나는 어느 책에서도 인간의 본질을 두 마디의 한 단어로 표현한 사람을 보지 못했다. 설득력이 있다.

맞다. 인간은 감탄을 하기 때문에 동물과 다르다. 그리고 감탄을 하기 위해 인간은 산다. 감탄은 행복과 동의어다. 그래서 인간은 감탄하기 위해서, 행복하기 위해 사는 것이다. '우아~', '이야~', '지화자~', '얼쑤~'. 힘든 세월 속에서 우리가 잊고 있었던 감탄의 세계를 여러분께 소개한다.

우리는 행복하려고 산다. 문제는 사람마다 행복의 내용이 각기 다르다는 사실이다. 그래서 세상은 매번 그토록 복잡하고 난해한 것이다. 행복의 내용이 각기 다르다지만, 행복하면 나타나는 사람들의 신체적 반응은 한결같이 동일하다. "이야~!" 하며 감탄한다. 그럼 삶의 목적을 다시 한 번 정리해 보자. 우리는 행복하려고 산다. 행복하면 감탄이 저절로 나온다. 줄여서 말하자. '우리는 감탄하려고 산다.' 감탄은 인간을 다른 동물과 구별 짓는 가장 중요한 특징이다. 인간 문명의 비밀은 바로 이 '감탄하기'에 있다.

15년 전, 베를린 자유대학의 지하 연구실에서 나는 단조롭기 그지없는 이 어머니-아기 놀이장면만 수천 번도 더 봤다. 몇 년이 지나도록 내 비디오 자료의 어머니들은 하루 종일 아이를 바라보며, 아이를 흉내 내며 감탄만 연발할 뿐이었다. 아, 그러나…. 바로 그거였다. 감탄! 인간의 어머니는 하루 종일 아이의 세밀한 변화에 감탄할 뿐이다. 그거다! 바로 이 감탄으로 비롯되는 다양한 정서적 상호작용이 원숭이를 비롯한 다른 포유류에게는 존재하지 않는다.

우리가 인간이 된 것은 엄마의 감탄을 받았기 때문이다. 그래서 인간은 끝없이 감탄해야만 한다. 죽을 때까지 누구로부터든 감탄을 받아야만 한다. 감탄이 인간의 본질적 욕구다. 그래서 인간 문명이 생긴 것이다.[18]

이로써 나는 그에게 '감탄의 아버지'란 이름을 선사한다. 내 기준이니 뭐라 하지는 마시라. 그는 누구도 못 봤던 감탄의 속성과 신비를 풀어냈다. 혹자는 '별거 아니네'라고 하실 수도 있다. 답을 알고 나면 모든 시험은 다 쉽다. 그러나 그 답을 찾기는 어렵다. 김정운의 발견이 쉬워 보이지만 세상 어느 누구도 얘기하지 못했던 것이다. 그는 인간과 동물의 차이점뿐만 아니라 인간의 예술에 대한 욕구도 감탄으

---

18 김정운 지음, 『나는 아내와의 결혼을 후회한다』, 쌤앤파커스, 2009, 273~283쪽에서 발췌.

로 설명한다. 조금 더 들어 보자.

인간의 모든 행위 뒤에는 감탄의 욕구가 숨겨져 있다. 음악을 도대체 왜 작곡할까? 그림은 또 왜 그릴까? 먹고사는 것과 아무 상관도 없는 이런 종류의 다양한 인간의 행위는 도대체 왜 하게 된 것일까? 간단하다. 감탄하기 위해서다.

내가 지금 행복한 삶을 살고 있는가의 기준은 아주 간단하다. 하루에 도대체 몇 번 감탄하는가다. 사회적 지위나 부의 여부와 관계없다. 내가 아무리 높은 지위에 있다 할지라도, 하루 종일 어떠한 감탄도 나오지 않는다면 그건 내 인생이 아니다. 바로 그만두는 게 정신건강에 좋다. 내가 아무리 돈을 많이 벌어도 그 돈으로 매개된 감탄이 없다면, 그 돈은 내 것이 아니다.[19]

보통 사람들에게 여유가 생기면 무엇을 제일 하고 싶은지 물어 보면 가장 흔하게 나오는 대답이 여행이다. 여행은 반복적인 일상과 단절할 수 있고, 새로운 환경에서 자신을 되돌아볼 수 있는 기회를 준다. 스스로 준비하는 여행이 됐건 정해진 코스를 유람하는 관광이 됐건 그 기억이 새롭고 좋은 것은 새로운 풍광에서 느끼는 감탄 때문일 것이다.

나는 군복무를 마치고 캐나다와 미국 서부지역에 갈 기회가 있었다. 캐나다 밴프 국립공원에서 재스퍼로 넘어가는 길목에서 눈에 덮

---

19 김정운 지음, 『나는 아내와의 결혼을 후회한다』, 쌤앤파커스, 2009, 284~290쪽에서 발췌.

인 로키산맥의 웅장함을 보고 할 말을 잃고 감탄을 연발하며 온몸에 흐르는 감동에 싸였던 기억을 아직도 생생히 떠올린다. 말로는 형용할 수 없는 그 풍광의 감동은 도道를 언어로써는 표현하기 어렵다는 노자의 말이 어떤 맥락인지를 이해하게 해 주었다.

로스앤젤레스에서 라스베이거스로 가는 수 시간의 사막 길에서 느꼈던 또 다른 모습의 자연의 위대함에 감탄과 전율을 느꼈고, 라스베이거스에서의 인간이 만든 인공미의 극치에 탄성이 절로 나왔었다. 젊은 시절 여행에서의 감탄과 감동은 왜 사는 것이 흥미롭고 즐거운 일인지를 말이 아닌 몸으로 느끼게끔 해 주었다. 지금도 틈이 나면 여행길에 오르려고 하는 것도 삶의 희열을 체득하고자 하는 내 본심本心의 재촉 때문이라고 생각한다.

매일 보는 익숙한 것에서는 감탄이 나오기 어렵다. 기존에 봐 오던 것과는 새로운 모습에서 감동과 감탄을 하듯이 굳이 새로운 지역에 가는 여행이 아니더라도 익숙한 것에서 스스로 떨어져 보는 것에서도 감탄과 감동을 느낄 수 있다. 내가 나만의 행복의 요건의 하나로 여행이나 공연, 영화, 책 등을 꼽는 것도 이들을 통하면 익숙한 것에서 벗어나 새로운 영역을 경험해 볼 수 있고, 쉽게 감탄이 나올 수 있고, 그래서 행복감을 보다 쉽게 느낄 수 있기 때문이다.

막연히 '행복해지자'라고 하면 오히려 더 어려워질 수 있다. '행복해지자'를 이제는 다른 방식으로 얘기할 수 있다. 감탄하자. 매일매일 감탄하고, 그 감탄의 횟수를 늘리자. 그러면 행복의 순간을 더 모을 수 있다. 하임 샤피라가 말한 것처럼 우리가 24시간 내내 행복할 수는 없다. 행복은 순간순간 다가오는 것이다. 행복의 말이 어렵다면 다

시 쉽게 얘기하자. 순간순간 감탄하고 살자. 감탄은 행복보다 찾기가
쉽다.

··· 조르바 붓다 ···

인도 철학자 오쇼 라즈니쉬(1931~1990)는 20세기를 살아간 독특한 철학자다. 그의 사상을 찬찬히 조망해 보면 '인간의 자유'에 대한 사랑이 넘쳐난다. 그는 타인의 사상이나 지식을 통해서가 아니라 스스로 진리를 찾고자 했다.

신神 중심의 역사관에서 벗어나 인간의 자유로움을 강조한 점은 기독교와 대척점에 서게 했고, 기존의 사회질서와 종속 상태에서의 해방을 가르친 점은 유교의 사상과 반대 방향에 있었다. 그러다 보니 그는 기성 종단의 반발과 공격을 받았다. 새로움은 익숙함의 공격을 받을 수밖에 없었다.

그는 새로운 기준을 제시했다. 새로운 인간상으로 조르바 붓다(Zorba the Buddha)를 얘기했다. 그리스인 조르바[20]와 고타마 붓다의 합성어이다. 내게는 항상 이분법적 시각으로 둘 중 하나만 답이라고 해 왔던 그간의 주류 철학에서 느꼈던 염증을 풀어준 획기적 아이디어였다.

---

20 니코스 카잔차키스(Nikos Kazantzakis)의 소설 『그리스인 조르바』의 주인공.

중세 신학에서는 신神과 성경만이 정답이었고, 관념론을 집대성한 헤겔(Georg Wilhelm Friedrich Hegel)에게는 이성理性만이 해결책이었다. 또한 칼 마르크스(Karl Marx)에게는 물질物質만이 중요했다. 그들이 틀린 것은 아니다. 철학적으로 매우 훌륭한 경지를 쌓았고, 여전히 수많은 추종자들이 있다. 그러나 나는 한쪽 팔에만 무거운 짐을 들고 있는 듯한 불편함이 느껴졌다. 오쇼는 이성과 물질이 모두 중요하며 이를 내적으로 통합하는 것이 더욱 중요하다고 했다. 보기 드문 균형 감각이다. 그의 얘기를 좀 들어 보자.

새로운 인류는 감각에 충실하면서도 영적인 조르바 붓다가 될 것이다. 그는 이 몸을 통해 얻을 수 있는 모든 즐거움을 누리는 동시에 내적으로는 깨어 있는 의식을 유지할 것이다. 이런 조르바 붓다는 지금까지 한 번도 출현한 적이 없었다. 하늘과 땅이 하나로 통합된 존재가 조르바 붓다이다. 물질과 정신, 세속과 성스러움, 이 세상과 저 세상을 가르는 정신분열증에서 벗어나야 한다. 이런 구분은 우리의 내면에서 이루어지는 것이다. 이처럼 분열된 자아를 가진 사람은 누구든 미칠 수밖에 없다. 그래서 우리는 미친 세상에서 살아가고 있다. 이러한 분열의 골을 메우기만 한다면 이 세상은 제정신으로 되돌아갈 수 있다.

과거의 인류를 돌이켜 보면 물질주의자와 정신주의자로 양분된다. 인간의 진정한 실체가 무엇인가에 대해서는 아무도 관심을 기울이지 않은 것 같다. 우리 인간은 정신인 동시에 물질이다. 물질과 의식은 별개가 아니라 한 실체가 갖는 두 가지 측면이다. 그러나 지금까지 어떠한 철학자, 성자, 종교가들도 이런 통합을 주장한 적이 없다. 그들 모두가 어느 한쪽만 실체를 인정하고 다른 한쪽을 무시하면서 인간을 분열시켰다. 이것이 우리의 삶을 불행과 고통 속으로 몰아 넣었다. 수천 년 동안 칠흑 같은 어둠이 지속되어 왔으며, 이 어둠은 끝이 없는 것처럼 보인다. 몸과 의식이 균형을 이루어야 한다. 그것이 참다운 건강이다. 거기에 그대의 전체성이 자리하며, 노래와 춤으로 가득 찬 즐거운 인생이 있다.

물질주의자들은 몸의 요구에만 귀를 기울인 나머지 의식의 존재를 망각했다. 그 결과 과학과 기술 문명, 물질적으로 풍요로운 사회가 탄생했지만 인간의 영혼은 여전히 가난하다. 우리는 자신이 누구인지, 왜 사는지도 모르고 목숨을 연명한다. 서양의 부자들은 영혼을 찾고 있다. 그들은 자신의 내면이 공허하다고 느낀다. 그들에게는 사랑이 없다. 오직 탐욕만이 있을 뿐이다. 주일학교에서 배운 단어들을 앵무새처럼 반복할 뿐 진실한 기도가 우러나오지 않는다. 반면에 물질을 허황된 것으로 보고 오로지 정신만이 실체라고 생각해 온 동양의 상황은 정반대다. 사방에 굶주린 사람들과 병든 사람들, 죽어가는 사람들이 널려 있는데 무슨 인생의 즐거움을 논하겠는가? 결국 불필요하게 모두가 패자가 되고 만 상황이다.

이 존재계가 담고 있는 모든 것은 우리를 위해 존재하는 것이므로 우리는 그것을 최대한 이용해야 한다. 여기에는 죄책감이나 갈등, 선택이 필요 없다. 물질이 줄 수 있는 모든 기쁨을 선택 없이 즐기라. 의식이 선사하는 모든 환희 또한 선택 없이 마음껏 즐기라.[21]

21　오쇼 지음, 손민규 옮김, 『이해의 서』, 판미동, 2010, 22~29쪽에서 발췌.

나는 그의 탁월한 균형 감각과 부분이 아니라 전체로 조망해 내는 시각을 좋아한다. 절묘하게 양단의 경계선에 서서 전체를 아우르는 능력을 가졌다. 그 결과물 중의 하나가 조르바 붓다이다. 영적으로 충만하면서 육체적 즐거움을 포기하지 않는다. 써 놓으면 쉬운 말이지만 생각해 내기에는 어려운 말이다. 도를 닦기 위해서는 극단적인 금욕을 해야 하고, 육체적 즐거움을 탐하면 영적인 충만함을 얻을 수 없다는 게 상식적인 수준의 생각이다. 이 둘은 양립하기 어려워 보인다. 그런데 이걸 너무 쉽게 깼다. 타성에 길들여지지 않은, 주류의 생각과는 거리를 둔 자신만의 소신을 가진 철학자의 지혜라고 생각한다.

기존에 사회의 주류 생각이 항상 맞는 것은 아니다. 그럼에도 그 익숙함 때문에 타성적으로 주류의 생각에 따라 가는 경우가 대부분이다. 쉬운 예로 휴가를 가도 꼭 휴가철에만 가는 건 주류의 생각에 자신을 맡겼기 때문이다. 그래서 휴가철엔 다들 힘들고 휴가다운 휴가를 보내기 어렵다. 4월이나 11월에 휴가를 간다는 사람을 찾기가 쉽지 않은 건 타성에 젖은 사람이 많아서일 것이다.

나이는 먹었지만 혼자서는 밥도 못 먹고, 영화도 못 보고, 여행도 못 가는 것도 이상한 주류의 흐름에 자신을 맡긴 결과다. 대부분이 누군가와 같이 뭔가를 해야 한다는 타성 때문에 혼자서는 아무것도 못 하는 사람이 많다. 스스로 주인이 되기를 포기하는 행동이다.

사회의 공익을 해치지 않는 범위에서 스스로 비주류가 되고, 남들과는 다른 관점에서 세상을 바라보면 새로운 세상을 얻을 수 있을 것이다. 이런 작은 깨달음이 모이면 세상이 모두 한 방향으로만 쏠려서 세상 모두가 힘들어지는 상황이 스스로 제어될 것이다.

오쇼는 21세에 깨달음을 얻었다. 그는 남들이 전해주는 지식이나 신념에 의지하지 않고 스스로 진리를 체험하고자 했다고 한다. 주류의 생각에 결코 자신의 생각과 의지를 쉽게 넘기지 않았다. 누구의 사상에 기대거나 배운 게 아닌데도, 경계선에 서서 자신을 지켜내는 노자의 생각과 비슷하다. 대가大家는 역시 서로 통한다.

제3장

성공, 그 눈부신 단어

· · · 원뿔 혁명 · · ·

요즘은 참 살기가 어렵다. 천정부지로 치솟는 전세 가격, 여전히 비싸서 엄두도 못 내는 집값, 10년 전과 별다를 게 없는 급여, 불안한 직장 생활, 가슴 졸이는 보육. 또한 학생들은 "큰 의미 없는"22입시 준비를 위해 유치원부터 사교육을 받아야 한다. 젊은이들은 일자리 구하기가 하늘의 별 따기이다. 조기 퇴직한 중년은 재취업의 어려움을 겪고 있으며, 살아남은 중년도 조기 퇴직 걱정에 하루하루를 보낸다. 산업화 시대에 밤잠 못 자며 가족의 생계를 위해 헌신해 온 노년층도 미처 준비하지 못한 궁핍한 노후 생활을 보내고 있다. 이렇게 전 세대가 동시적으로 어려움을 겪고 있다. 뭔가 잘못됐다는 생각은 다들 하는데 모든 게 동시에 꼬여서 어디서부터 풀어야 할지 암담해 보인다.

---

22 개인적인 생각이다. 우리 세대가 자녀 교육에 올인하고 있지만 그에 대한 대가가 너무 크다. 상위 10%에 들어야 그나마 괜찮은 직장에 들어갈 수 있다. 그 괜찮은 직장 생활도 평균적으로는 15년 남짓이면 수명을 다한다. 앞으로 그 직업 수명은 더 짧아질 수도 있다. 과거와 패러다임이 바뀌었는데도 과거의 기준에 매달려 다들 올인이다. 올인은 잘되면 좋지만 그렇지 않으면 모든 걸 잃는 걸 의미한다. 이 부분은 뒷장에서 자세히 언급할 것이다.

30년 전인 1985년, 대한민국의 1인당 국민소득은 2,432불이었다.[23] 그때보다 수치상으로는 10배 이상이나 잘살게 되었는데 오히려 30년 전보다 삶의 질은 엄청나게 후퇴한 느낌이다. 일본의 잃어버린 20년을 조롱하듯이 얘기를 하지만 실상 우리는 잃어버린 30년을 겪고 있는 것은 아닐까 하는 생각이 든다.

당시만 해도 아파트가 많지 않아 일반 주택 내에 집주인과 젊은 세입자가 한집에 사는 경우가 많았다. 내 기억에는 집 구조 자체가 그랬다. 세입자를 위한 '집 안에 집'이 있었다. 마이카 붐도 일기 전이어서 차가 있는 집도 드물었다.

이렇게 GDP 등 경제적 숫자로는 모든 면에서 당시와는 비교도 할 수 없을 정도로 잘살고 있는 것처럼 보인다. 그러나 실제로는 극히 소수 계층을 제외한 대부분의 사람들이 현재의 궁핍과 미래에 대한 불안을 동시에 가지고 산다. 수치상으로 10배 이상의 성장을 하고, 당시에는 상상도 할 수 없던 수많은 문명의 이기를 누리고 사는데도 과거보다 후퇴한 삶을 살고 있는 듯하다.

80년대 초·중반만 해도 굶는 사람은 드물었다. 60년대의 절대빈곤 시대를 지나 70년대는 중진국 도약을 얘기했었다. 80년대에 들어서자 곧 열릴 서울올림픽이 우리나라를 선진국으로 만들 것이라는 희망이 넘쳐나던 시절이었다.

사실 30년간 10배 이상, 1,000% 이상 성장했으면 분명 성공한 것이다. 개인을 넘어 우리나라가 성공한 것은 맞다. 그런데 현재 다수의

---

23 UN 자료.

국민들은 행복하지가 않다. 이런 건 일반화할 수 있다. 그렇다. 성공이 행복을 보장해주지 않는다. 우리는 이미 성공의 경험을 우리 사회를 통해 해 봤다. 그러나 성공만을 좇으며 살아왔는데 성공이 결코 우리가 기대하던 행복을 안겨다 주지 않는다는 것을 경험했다.

그럼에도 우리 사회의 대부분은 성공이라는 그 눈부신 단어에 세뇌되었고, 여전히 성공만을 꿈꾼다. 다시 말하지만 뭔가 크게 잘못되었다. 우리가 정답이라고 생각해 왔던 것이 잘못된 것을 알았으면 그 틀을 뒤집어야 한다. 성공만 하면 내 인생의 모든 문제가 사라지고 행복해질 것이라는 착각에서 빠져 나와야 한다. '성공'을 그만큼 좇아왔지만 행복해지지 않는다면, 이제는 그냥 '행복'에 빠져서 살아보면 좋겠다. 행복의 중간 단계쯤으로 생각해 왔던 성공 타령은 이제 좀 지겹다.

요즘엔 미디어학부 등 다른 여러 이름으로 바뀌긴 했지만 신문방송학과에 입학하면 1학년 1학기에 배우는 매스컴원론이란 과목이 있다. 그 과목에서 재미있는 이론 하나를 소개해 본다.

침묵의 나선 모형(Spiral of silence)

독일의 사회학자인 노엘레 노이만이 1974년 발표한 이론이다. 이 이론의 밑바탕에 깔린 본질적인 아이디어는 대부분의 사람들이 특정 태도나 의견을 홀로 고집하여 고립되는 것을 피하고자 한다는 것이다. 따라서 사람들은 어떤 의견이 보다 지배적이고 강력하며,

어떤 의견이 보다 약하고 하향세인가를 알기 위해 자신의 주변 환경을 관찰한다. 그리하여 자신의 의견이 후자에 속한다고 믿어질 경우 개인은 자신이 고립될지도 모른다는 두려움 때문에 이를 표현하기를 꺼리는 경향을 띤다.

이러한 경향을 지각하고, 따라서 다수의 의견을 채택하는 개인이 많을수록 특정 의견은 보다 지배적이 될 것이고, 그 반대 의견은 하향세를 면치 못할 것이다. 어떤 사람은 말을 하게 되고, 어떤 사람은 침묵을 하게 되는 성향은, 한 의견을 지배적 의견으로 자리 잡게 하는 나선화과정(spiral process)을 시작하게 한다.[24]

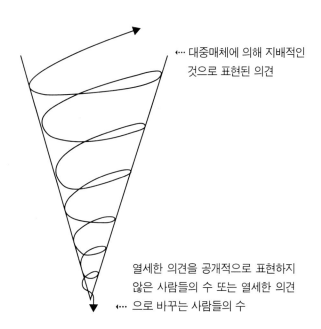

···▸ 대중매체에 의해 지배적인
것으로 표현된 의견

열세한 의견을 공개적으로 표현하지
않은 사람들의 수 또는 열세한 의견
···▸ 으로 바꾸는 사람들의 수

24 맥퀘일, 윈달 지음, 임상원 역, 『커뮤니케이션 모델』, 나남, 1988, 116~117쪽.

독일 학자의 아이디어지만 남 눈치, 타인의 시선에 유독 예민하게 반응하는 우리나라에 보다 포괄적으로 적용될 수 있는 이론이다. 고립되는 것이 두려운 개개인은 자신의 의견이 있음에도 다수의 의견을 의식하게 된다. 자신의 의견이 다수의 의견이라고 생각하면 큰소리를 내고, 자신의 의견이 소수의 의견이라 여겨지면 의견 표출을 자제하게 된다. 한 사건에 대해 실제 찬성, 반대가 6:4 정도라 할지라도 찬성의 목소리가 크면(매스컴에서 찬성의 목소리를 더 많이 들려주면) 시간이 지남에 따라 찬성 쪽의 비율이 더 높아진다는 것이다.

현재 우리 사회도 성공과 행복에 대해 이런 침묵의 나선에 빠지고 있는 듯하다. 아직까지 성공에 대한 갈망이 더욱 큰 것은 사실이지만 성공보다 행복이 필요하다고 하는 목소리도 적지만 분명히 있다. 다만 다수의 목소리가 성공이기 때문에 행복의 목소리가 사회 전체에 울려 퍼지기에는 힘에 부치는 것 같다. 행복을 원하는 목소리가 보다 커져야 한다. 우리 사회가 분명 성공했는데도 과거보다 더 못한 삶을 살고 있음을 다 같이 느낀다. 다수의 강한 목소리에 숨어 있는 행복론자들의 작은 목소리가 더 커지길 바란다. 그래서 이렇게 끊임없이 경쟁하고, 서로를 짓밟고 올라서 성공의 정상에 올랐다 해도 행복하지 않은, 이 말도 안 되는 상황을 바꿔야 한다.

사회 전체를 바꾸는 일은 크게 보면 어려운 일이다. 그러나 무한 경쟁에 지친 나 자신에게 절실한 행복을 추구하다 보면 어느 순간엔 사회 전체가 바뀌어 있을 것이라고 생각한다. 사회 구성원 전체가 행복한 사회가 선이고, 경쟁과 시기, 질투로 찌든 사회는 악이다. 선과 악이 부딪히면 선이 이겨야 한다. 그게 정의正義다. 그런 건강한 사회에서 나와 내 후손이 살 수 있기를 바란다.

　노엘레 노이만의 침묵의 나선을 몇 년 전에 우연히 다시 들여다보다 이런 생각이 떠올랐다. 우리가 침묵의 나선을 뒤집은 원뿔을 무한히 타고 있다는 생각이다. 물론 원뿔의 크기나 모양은 사람마다 조금씩 다르다. 그러나 성공이라는 꼭짓점에 도달하기 위해 원뿔을 나선형으로 타고 있는 나의 모습을 문득 발견했을 때 엄청난 충격을 받았다. 내가 원뿔 안에 있을 때는 보이지 않았던 모습이 나를 객체화하고, 멀리서 바라보니 보이기 시작했다

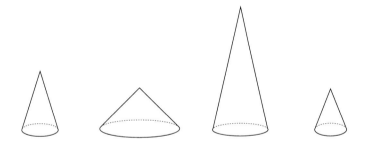

원뿔 1: 원뿔의 크기와 모양은 개인의 욕심의 크기에 따라 제각각 다르다. 차별이 아니다. 서로 다름을 인정하자.

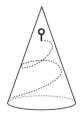 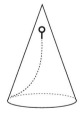 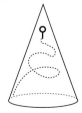

원뿔 2: 각자의 원뿔을 오르는 방법은 다양하다. 삶의 방식은 다양
하다.

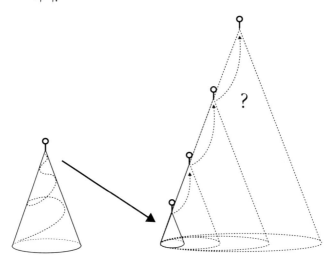

원뿔 3: 원뿔의 정점에 오르면 또 다른 원뿔이 기다리고 있다. 원뿔
은 욕심의 크기다. 자기 증식을 하는 존재다. 그래서 다른
원뿔의 정점에 올라도 또 다른 원뿔이 기다리고 있다. 사람
의 탐욕은 무한하기 때문이다.

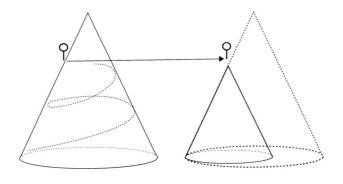

원뿔 4: 원뿔의 정상에 오르지 못해도 스스로 정점은 만들 수 있다. 내려올 시기를 자신이 정하면 된다. 원뿔은 무한 증식하는 존재다. 고정관념만 있으면 커지는 원뿔을 따라 무한히 원뿔을 탈 수밖에 없다. 그러나 사실 원뿔은 가상의 산이다. 여러분이 그 크기를 결정할 수 있다. 산은 쪼갤 수가 없지만 원뿔은 당신 스스로 부술 수도 있다. 그것이 원뿔 혁명이다. 탐욕에 가려져서 그동안 보지 못했던 또 다른 세상을 경험할 수 있을 것이다.

나를 객체화하는 건 참 소중한 경험이었다. 나를 객체화해 보니 원뿔에 힘겹게 달라붙어 있는 내가 보였다. 미끄러져 떨어지지 않으려고, 아등바등 죽을 힘을 다하는, 너무나 초라하고, 불쌍한 내가 보였다. 그렇게 그동안 잊고 지냈던 나. 나 자신이 소중하게 보이기 시작하자 새로운 세상이 열렸다. 내가 하고 있는 일이 이 세상에서 꼭 필요한 일도 아니고, 내 목숨을 걸고 할 만큼의 가치가 없다는 것을 깨닫게 됐다. '지난 40여 년 동안 내가 이 보잘것없는 원뿔 하나 타려고 아등바등 살아왔구나' 하는 자책과 반성을 하게 됐다. 그런 소중한 경험을 한 후에 나는 '원뿔타기'를 그만뒀다. 그리고 이제는 서서히 내려오는 과정을 밟고 있다.

원뿔의 정상은 밟아 보지 못했지만 내가 올라간 선이 나에게는 정점이라고 생각했다. 욕심을 줄이니 원뿔의 정상도 그렇게 따라 내려와 내가 선 지점이 정상이 됐다. 그렇다. 어차피 원뿔은 내가 마음에서 만들어낸 가상의 모형이었다. 실제로 이 세상에 원뿔은 없었다.

내 욕심의 크기만큼 내가 만들어낸 허상일 뿐이었다. 그래서 원뿔의 높이는 내가 조절할 수도 있는 것이었다. 높이를 낮추고 욕심을 줄이니 또 다른 세상이 보였다. 나는 그동안 유한한 인생에서 무의미한 무한 반복을 되풀이하는 모순에 빠져 있었던 것이었다. 유레카! 드디어 내가 보이기 시작했다.

··· 성공 이후에는 ···

학교에서도 성공 교육을 하고, 가정에서도 자녀 성공을 위해서라면 기러기 아빠도 마다하지 않는다. 행복은 성공하면 당연히 따라오는 것으로 여긴다. 서점에 가도 성공 관련 서적이 즐비하다. 성공하는 몇 가지 방법이 잘 정리돼 있다. 그 책만 읽으면 성공이 따라올 것만 같다. 학교에서도, 가정에서도, 사회에서도, 성공하는 다양한 방법을 알려주는데 성공은 이제 떼놓은 당상이겠다. 그런데 의외로 주변에 성공한 사람이 드물다. 정말 성공하고 나면 어떤 기분일까? 세상을 다 가진 듯 행복할까?

나는 수년 전 기업IR(Investor Relations)에서 셀트리온 서정진 회장의 강연을 들을 기회가 있었다. 기업 IR에는 대개 투자 관련 업무를 맡는 부서장이 나온다. 투자자 앞에서 기업의 실적 및 재무 상황, 사업 진행 상황 등에 대해서 설명의 자리를 갖는데 이날은 유독 회장이 직접 나왔었다.

당시 주식시장에는 셀트리온의 매출에 관한 악성 루머가 있었다.

아직 신약으로서의 인증을 받지 않은 상태에서 글로벌 제약업체에 선매출을 한 것이 사기 아니냐는 루머 중에서도 악질이었다. 주가는 공매도 세력에 의해 급락하고 있었고, 시장의 분위기는 셀트리온에 우호적이지 않았다.

서정진 회장은 자수성가自手成家한 사람이다. 대우자동차의 임원까지 올랐으나 대우그룹 해체로 실업자가 되기도 했다. 이후 그는 자신이 몸담았던 업종과는 전혀 다른 바이오시밀러(Biosimilar)[25]사업에 도전하며 셀트리온을 창업했다. 그 후 셀트리온을 세계적인 바이오시밀러 업체로 키웠다. 2015년 5월 기준으로 시가총액은 9조 원이 넘는다. 우리나라 증시에 상장된 제약, 바이오 업체 중 시가총액 1위의 회사로 키운 것이다.

엄청난 일을 한 사람이다. 성공도 보통 성공은 아니다. 그런 그가 한순간에 시장의 사기꾼으로 매도되고 있는 상황이니 본인이 직접 시장과 대면하지 않을 수 없었을 것이다. 처음에는 회사 실적과 사업 구조에 대한 설명을 했다. 귀에 들어오지 않았다. 그다음에 자신이 살아온 얘기를 했다. 특히 성공한 후의 자신의 방황을 얘기했다. 성공만을 바라보고 살아온 나에게는 충격적인 말이었다. 사회적 기준에서 볼 때 대단한 성공을 한 사람이 성공 후에 행복하지 않았다고 고백한 것은 처음 들었기 때문이다.

우리는 흔히 밝은 면만을 보고 얘기하는 경향이 있다. 세상의 모든

---

25 약은 크게 두 가지로 나눌 수 있다. 화학 질 조합으로 만든 화학(케미컬) 약과 생물의 세포, 조직 등에서 유도해 낸 바이오 약. 케미컬 약은 글로벌 대형 제약업체 소수가 지배하고 있는 반면 바이오 약 시장에는 아직 절대 강자들이 없다. 우리가 해볼 만한 분야다. 바이오시밀러는 바이오신약의 복제 약을 말한다.

것에는 음과 양이 있는데 밝은 면만 보는 것이다. 요즘 화두가 되고 있는 복지의 이면에 세금이 있듯이, 성공 뒤에는 그에 따른 희생이 따를 수밖에 없다. 이 희생과 고통의 과정은 생략한 채 우리는 성공만 바라보고 있다.

우리는 학교에서나 사회에서나 성공하는 방법만 배운다. 성공하기 힘드니까 성공하는 방법을 우선 배운다고 생각한다. 그런데 어디에서도 성공 이후에, 어떻게 해야 되는지를 알려주는 사람을 찾기가 쉽지 않다. 성공 지침서는 널려 있지만 성공한 후에는 어떻게 살아야 되는지를 알려주는 책은 상당히 희귀하다. 성공한 사람이 쓴 자서전에도 성공의 과정은 잘 나오지만 성공 이후의 괴로움에 대해 진심을 얘기한 것은 별로 보지 못했다. 곰곰이 생각해 봤다. 성공 관련 책자를 쓴 사람조차도 성공을 못 해본 사람이었을 것이다. 성공한 사람은 앞으로 더 성공하고자 무한 원뿔을 계속 타고 있었기 때문이었을 것이다.

혼다 켄이 쓴 『스무 살에 만난 유태인 대부호의 가르침』은 성공 이후를 얘기해 주는 드문 책 중 하나다. 거부가 된 유태인 대부호 게라 씨가 주인공 '나'에게 해 주는 얘기이다. 성공 이후의 자신의 미래 모습에 대해 생각할 여지를 준다.

"진정으로 올바르게 성공하기 위해서는 최초의 동기가 매우 중요하네. 그것이 잘못되어 있으면 인생이 뒤죽박죽되고 마네. 권력을 얻기 위해 성공하려는 사람은 권력투쟁에 빠져들고, 존경을 받기 위해 성공하려는 사람은 다른 사람들의 주목이 쏟아지는 무한지옥에 떨어지고 말지. 그러면 아무리 사회적으로 성공한다 해도 결코 행복할 수 없지. 성공하는 것 자체만으로는 행복할 수 없기 때문이라네. 행복하게 성공하고 싶으면 자신이 지키고 싶은 인생을 사는 것에 집중하고 돈과 성공은 잊어버려야 하네."

"그런데 사장이 되면 왜 회사를 확대하려는 걸까요?"

"정말 좋은 질문이네. 그것은 내면의 문제 때문이네. 중소기업 경영자의 함정이라고 부르는 게 좋을지 모르겠군. 그것은 회사를 창업할 당시의 자세가 흐트러지기 때문이네. 그들은 회사를 크게 하는 것으로 자신이 만족하지 못하는 부분을 충족시키려고 한다네. 공허감을 채우려고 한다는 편이 더 좋을지 모르겠군. 겉으로는 성공한 사람으로 보일지 모르나 내면은 매우 지쳐 있는 것이지. 가족과 종업원에게 제대로 대접도 받지 못한다네. 회사를 크게 하는 것만이 유일한 낙이 되고 말지. 24시간 동안 사업만 생각하게 되지. 자녀와 배우자 또는 친구들과 함께 즐거운 시간을 보내는 것보다 사업을 우선시한다네. 그러다 보니 친한 친구도 없고, 믿고 상담할 수 있는 사람도 없지. 그렇지만 같이하면서 영혼을 빼앗긴 동료들이 많이 있기 때문에 외롭지는 않다네. 모두 사업에 영혼을 먹혀버린 사람들이지. 자넨 성공해서도 비참하거나 고독해지지 않게 주의하게."[26]

틱낫한(Thich Nhat Hanh) 스님도 비슷한 맥락의 얘기를 한다. 성공의 원뿔을 타다 보면 원래의 의지와는 달리 주객이 전도된다는 것이다.

행복해지려고 타기 시작했는데 어느 순간에는 원뿔 자체밖에 안 보인다는 지적이다.

이렇게 일(성공)에만 마음을 빼앗긴 당신은 바람난 남편과 똑같다. 항상 애인만 생각하면서 아내와 아이들을 무시하는 남편과 뭐가 다르단 말인가. 뿐만 아니라 당신은 자신과 자신의 행복마저도 무시하고 있다. 당신은 더 이상 자신의 삶을 자유롭게 살 수도 사랑할 수도 없다. 당신에겐 자신을 위한 시간도 사랑하는 이들을 위한 시간도 없다. 그러면서도 당신은 여전히 자신의 삶에서 당신과 가족이 최우선이라고 믿고 있다. 그렇게 믿어 봤자 무슨 소용인가? 너무나 많은 것을 요구하는 애인 때문에 현실은 정반대인 것을 말이다. 더구나 상황은 매일 조금씩 악화될 뿐이다.[27]

성공 혹은 욕심의 '원뿔타기'에 빠지면 자신이 무슨 일을 하고 있는지 잊어버린다. 행복이 먼저인지, 일이 먼저인지, 가족이 우선인지, 고객이 우선인지. 내가 누구인지, 어디에 있는지도 잊어버린다. 그럼 나를 잃고, 가족도 잃고, 거대한 원뿔만 남는다. 마음속의 자신의 원뿔을 객체화해서 보는 경험은 나를 다시 바라보는 출발점이 될 것이다. 어느 순간엔가 거기에 매달려 있는 너무도 가엾은 자신을 보게 될 것이다.

---

27 틱낫한 지음, 진우기 옮김, 『힘』, 명진출판, 2003, 16~17쪽.

···부와 행복의 상관관계···

행복의 정도를 수치화한다는 건 어렵다. 경제후생지표 중에 행복지수라는 개념이 나오기는 했지만 절대적인 지표라고 하기에는 미흡하다. 조사 문항에 따라 혹은 설문의 내용에 따라 점수화되는 정도가 다르기 때문이다. 그래서 조사기관에 따라서도 차이가 많이 난다. 참고 사항이긴 하지만 우리 국민이 느끼는 행복의 정도는 우리가 일궈낸 성공인 경제력에 비해 참담한 수준이다.

미국 갤럽은 최근 전 세계 138개 나라별로 15세 이상 성인 남녀 1,000명을 대상으로 조사를 벌인 결과 파라과이 국민이 가장 행복한 삶을 살고 있는 것으로 나타났다고 발표했다.

갤럽은 조사 대상자에게 ▲어제 당신이 존중받았는지 ▲어제 충분한 휴식을 취했는지 등의 질문을 한 뒤 '그렇다'고 답한 비율에 따라 순위를 매겼다. 파라과이 국민은 100점 만점에 87점을 받아 3년 연속 1위를 차지했다. 다음은 파나마(86점), 과테말라(83점), 니카라과(83점), 에콰도르(83점), 코스타리카(82점), 콜롬비아(82점), 덴마크

(82점), 온두라스(81점), 베네수엘라(81점), 엘살바도르(81점) 순이었다. 반면, 한국은 63점을 받는 데 그쳐 하위권인 90위에 머물렀다.[28] 한편, 영국에 본부를 둔 유럽 신경제재단(NEF)은 지난해 국가별로 행복지수를 조사했다. 이 조사에서 부탄은 1위를 차지했다. 1인당 국내총생산이 2,000달러에도 미치지 못하는 부탄은 응답한 국민 가운데 97%가 행복하다고 답변했기 때문이다. 부탄에 비해 1인당 국내총생산이 10배나 높은 대한민국은 143개국 가운데 68위에 그쳤다.[29]

우리나라가 세계 10위권의 경제대국이라고 말하지만 행복의 정도는 최하위권이다. 우리가 평소 한 수 아래라고 생각하는 중남미 국가들의 행복치가 대체적으로 높은 편으로 나왔다. 중남미 사람들은 삶에 대한 긍정적인 태도가 높다. 자기 흥에 겨워 사는 사람들이다. 신바람 문화는 원래 우리 DNA에 강하게 있던 것이었다. 그런데 어느 순간엔가 사라진 것 같다. 길거리에서도, 지하철에서도 사람이 많이 모이는 곳에 가 보면 다들 화가 난 표정이다. 웃는 사람을 보기 드물다. 일단 내가 행복해야 된다. 행복하지 않는 삶을 산다면 장수하는 건 오히려 고통이 될 뿐이다.

---

28 조선Biz, 남민우 기자, "韓 행복지수 138개국 중 90위… 1위는 파라과이" 2014.6.04. 기사에서 발췌.
29 아주대 김철환 교수, '행복지수' 정의에서 발췌.

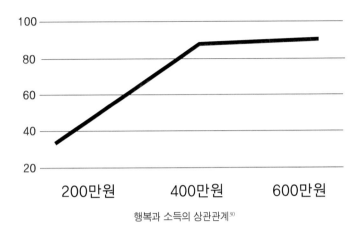

행복과 소득의 상관관계[30]

　행복한 삶을 사는 데 경제적인 문제가 중요하지 않은 것은 아니다. 그러나 부가 행복의 정도를 높여주는 데는 한계가 있다. 위의 도표는 2010년 서울시 행복도 조사이다. 해외에서 조사한 게 아니라 우리 국민의 목소리다. 월 소득 200만 원에서 400만 원으로 늘 때에는 행복 지수가 급속도로 높아진다. 그러나 월 소득이 400여만 원을 넘어서면 행복도가 크게 증가하지 않는 것을 볼 수 있다.

　개인별로 차이는 있겠지만 돈을 많이 버는 것을 성공의 주요 요인을 꼽는 우리나라에서, 어느 수준까지 '원뿔타기'를 했다면 서서히 내려오는 것이 더 중요하다는 것을 방증한다고 본다. 어느 수준까지 올라왔다면 이제 이 정도면 됐다는 편안한 마음을 가지는 게 더 현명하다. 돈과 성공 말고도 이 세상에는 너무나도 소중하고 아름다운 가치들이 많이 있다. 그것들을 향유하기에도 우리는 너무나 짧은 삶을 산다.

30　2010 서울시 행복도 조사, 연세대 염유식 교수.

··· 일반학교와 대안학교 ···

　예전에 50대의 초등학교 선생님과 30대의 대안학교 선생님과 한자리에서 식사할 기회가 있었다. 흥미로운 만남이었다. 기성세대인 50대와 젊은 세대라 할 만한 30대의 만남이었고, 일반학교와 대안학교 교사의 대비가 있었다.

　두 교사는 교육관에서 차이가 확실히 많았다. 초등학교 선생님은 대안학교 학생들의 성적을 걱정했고, 진학과 취업에 대해 우려했다. 성공으로 가는 길이 순탄치 않을 수 있음도 지적했다. 대안학교 선생님은 학생들의 성공에 앞서 꿈과 희망을 얘기했다. 자신의 자녀도 같은 대안학교에 다니고 있어서 행복하다고 했다. 그 선생님이 속한 대안학교가 초·중·고등학교 과정으로 되어 있는데 고등학교만 인가를 받았다고도 했다. 대안학교 모두가 교육부의 인가를 받는 게 아니라는 걸 처음 알았다. 교사로서의 임금, 처우에 대한 얘기도 오갔다. 물론 대안학교 선생님의 대우가 일반학교보다 낮았다. 아직 대안학교가 사립 위주이고, 신생이다 보니 재정적으로 튼튼하지 못하기 때문일 것이다.

교육과학부 통계를 보면 2012년 말 기준으로 초등학교 5,895개교, 중학교 3,162개교, 인문계 고등학교 1,804개교, 특성화 고등학교 499개교로 총 11,360개의 초·중·고등학교가 있다. 반면 대안학교는 고등학교 24개교, 중학교 11개교 등 54개의 인가된 대안학교가 있다. 전체 학교 대비 0.4%에 불과하다. 비인가 대안학교를 포함하면 좀 더 되겠지만 비인가 학교는 상위 학교 진학을 위해 검정고시를 거쳐야 하기 때문에 인가된 대안학교가 많이 늘었으면 하는 바람이다. 만약 대안학교의 수가 전체 학교 수의 10%만 넘어가도 입시 위주의 우리 교육에 근본적인 변화가 일어날 수 있다고 생각한다.

　　일반화하기는 어려운 한 개인 간의 만남이지만 두 선생님의 교육관과 인생관은 확연히 달라 보였다. 나는 상위 5%의 성공을 위해 나머지 95%의 학생이 '사실상' 들러리 서야 하는 일반학교를 나왔다. 대안학교도 언론을 통해 접한 게 다여서 실제 대안학교에 다니는 학생들이 얼마나 행복한 학교생활을 하는지도 잘 모른다. 그러나 그 당시의 대화만을 가지고 판단한다면 내 아이도 대안학교에 보내고 싶다는 생각이 들었다.

　　성공 지향의 지금 우리나라 학교에서 무언가를 크게 기대하는 학부모는 드물다. 약간의 형편이 좋은 집에서는 선행학습을 시켜서 학교에서 새롭게 배울 게 없는 상황이 됐고, 선행학습을 많이 하는 소위 학군 좋은 동네에서는 학교 공교육이 별 의미가 없는, 단지 졸업을 위한 연수를 채우는 곳으로 전락했다.

　　어릴 때부터 극심한 경쟁 상황을 경험한 우리 어린 학생들은 친구들도 자신의 학업에 조금이나마 도움이 되는 학생들만 선호한다. 어릴 때부터 모든 게 계산적이다. 자신에게 도움이 되지 않는 친구는 이제 친구가 아니다. 어려울 때 서로 의지가 되어줘야 할 친구가 어려워지면, 자신에게 도움이 되지 않는다는 이유로 언제든 버릴 수 있게 된다.

이런 학생이 어른이 되면 그 칼을 부모에게 겨눌 것이다. 자신에게 경제적으로든 어떤 방식으로든 도움이 되지 않는다면 부모도 서슴없이 버릴 것이다. 부자 부모가 장수하면 매우 싫어할지도 모른다. 심한 말로 하면 부모가 빨리 유산을 남기고 떠나기를 기도할지도 모른다. 내 표현에 비약이 좀 있을 수 있다. 하지만 현재의 상황이 지속된다면 젊은이들의 마음 근저에는 이런 악한 마음이 자랄 것이다. 우리 어른 세대의 탐욕이 젊은이들의 꿈과 희망까지 다 먹었기 때문에 현재 청년들은 자립할 수가 없는 상황이다. 충분히 가능한 얘기다. 이미 뉴스에 보면 이런 사람들이 많이 등장한다. 앞으로는 더 심해질지도 모른다.

교육열이 빈부에 상관없이 매우 강한 우리나라에서 이런 현상이 가라앉을 수 있을까? 과거 부모 세대는 교육을 통해 사회의 사다리를 타고 신분 상승을 할 수 있었다. 자원 없는 우리나라가 이만큼 성장한 것은 교육의 힘이다. 누구도 부정하지 못한다. 그러나 지금은 그 정도가 너무도 지나치다. 부모 세대는 교육을 통해 신분 상승을 할 수 있었다. IMF 전까지 경제성장률이 약 30년간 평균 9%대를 유지했기 때문에 대학만 나와도 평생 걱정이 없었다. 정년이 보장됐기 때문에 그냥 미래에 대한 걱정 없이 열심히 살기만 하면 됐다. 집을 사면 몇 배씩 올랐기 때문에 자산 형성도 크게 걱정할 게 없었다.

하지만 이제 세상이 변했다. 과거와 같은 경제성장률은 앞으로 기대할 수 없다. 통일 같은 깜짝 이벤트가 일어나면 약간의 변화를 기대할 수도 있겠지만 그래도 향후 30년간 10% 가까운 고성장을 기대하는 것은 어리석다. 그리고 지금은 모두가 최소한 굶어 죽을 걱정은 없는 사회가 됐다. 지금은 잘살거나 못살거나 사교육을 한다. 수험생의 80%가 대학에 진학한다. 그런데 기업들은 막대한 이윤을 해외투자로 돌리고 있다. 그래서 좋은 일자리가 드물다. 저임금 직종에는 외국인 노동자가 자리 잡고 있다. 부모들은 과거 부모 세대가 성공했던 방식으로 자식을 이끌어서는 안 된다. 다시 말하지만 세상이 변했다.

이런 악순환의 고리는 어려운 결단이긴 하지만 힘 있고 강한 사람들이 먼저 풀어줘야 한다. 극장 앞자리에 선 사람이 앉아 줘야 뒷사람도 앉아서 영화를 볼 수 있다. 그래야 다들 편하게 영화를 볼 수 있다. 지난 10여 년간 우리나라는 부익부 빈익빈이 너무 심해졌다. 재산이 많은 사람들에게 이제 수십억은 돈도 아니다. 그런 사람들은 자녀를 현명하게 키우기만 하면 된다. 자신의 재산을 지킬 정도의 현명함만 가르치면 된다. 그들 자식에게 SKY 졸업장은 별 필요 없는 종이 쪼가리에 불과하다.

지금 대한민국 서민에게는 사방이 다 막혀 있다. 하루하루 삶 자체가 전쟁이다. 강한 사람들이 먼저 모범을 보이면 대신 우리 사회의 약자로부터 존경받을 수 있을 것이다. 현재 대한민국의 부자는 그리 존경받는 대상이 아니다. 모진 고통의 세월 끝에 자수성가해 허리 좀 펴고 살고 싶은데, 그들을 바라보는 국민의 시선은 그리 좋지 않다. 고통의 대가로, 자신의 희생의 대가로 얻은 성공을, 누군가가 부러워 하고 존경해 주면 좋겠는데 그렇지 못하다. 그러니 큰 집과 좋은 차, 명품 가방으로 부러움의 표상을 돈으로 사려고 한다. 물론 부자들이 모두 그렇다는 얘기는 아니다.

그럼에도 부자가 우리나라에서 존경을 못 받는 이유는 분명 그들의 자세 변화가 필요함을 이야기한다. 나는 힘 있고 부유한 사람들을 공격하기 위해 이런 말을 하는 게 아니다. 그들의 관용과 가진 자로서의 심적, 경제적 여유, 사회에 대한 배려심을 그들이 먼저 베풀면 이런 지옥 같은 악순환이 선순환으로 바뀔 수 있기 때문이다.

'부자가 존경받고, 약자를 보살펴 주는 나라.' '어른이 존경받고, 젊은이를 보살펴 주는 나라.' 그런 나라에서 살고 싶다. 그런 나라에서 내 자식이 행복하게 살았으면 좋겠다.

··· 피터 린치와 워렌 버핏 ···

투자업계의 전설적인 인물 두 명을 꼽으라면 난 주저 없이 워렌 버핏(Warren Edward Buffett)과 피터 린치(Peter Lynch)를 꼽겠다. 가장 '위대한 인물'을 한 명만 꼽는다면 당연 워렌 버핏이 1위에 오를 것이다. 그런데 나는 버핏보다는 피터 린치의 삶을 살고 싶다.

이 책의 입장에서 보자면 버핏은 전형적으로 무한 '원뿔타기'를 하는 사람이다. 성공의 DNA를 가진 사람이다. 11세에 주식투자를 시작해 85세인 지금까지도 세계 최고의 투자자로서의 자리를 지키고 있다. 말 그대로 노익장老益壯의 전형이다.

그는 1930년에 미국 네브라스카 주 오마하에서 태어났다. 어렸을 때부터 장사하고, 돈을 버는 데 관심이 많았다. 11세에 100달러로 누나와 함께 주식을 시작했다. 1956년 이후 고향 오마하에 정착하여 '오마하의 현인賢人'으로 불리기도 한다. 세계 부자 순위에서 5위 안에는 꾸준히 들었다.[31]주식을 한 사람 중에서는 세계 제일의 부자다. 그와의 점심식사 기회를 경매에 붙이기도 하는데 한끼 하는 데 수억이 들기도 한다. 여전히 투자자들 사이에서는 인기가 높은 사람이다.

세계 제일의 부자이면서도 검소한 생활을 하고, 2006년에는 재산의 85%를 사회에 환원하기로 약속하는 등 기부 활동에서도 세계 제일이다. 일도 잘하고, 검소한 생활로 타의 모범이 되고, 세계 최고의 기부가로서 타인에 대한 따듯한 배려의 마음씨도 갖췄다. 어디 하나 흠잡을 데가 없는 사람이다. 오늘도 버핏과 같이 되기 위해서 고군분투하는 투자자들이 세계 도처에 수없이 많이 있을 것이다. 자신도 버핏이 했던 무한 성공의 루프(loop)를 탈 것을 기대하면서.

나도 버핏을 '성공의 DNA'를 가진 사람이라 표현했는데 이런 흠결 없이 신神 같은 존재를 '운 좋은 바보'쯤으로 생각하는 사람이 있다. 『블랙 스완(The Black Swan)』[32]의 작가로 유명한 나심 니콜라스 탈렙(Nassim Nicholas Taleb)이다. 그는 모집단의 수가 크면 버핏과 같이 지속적인 성공을 하는 사람이 나올 수밖에 없다고 본다. 그러나 그건 그 사람의 능력도 있겠지만 운運이 따라 주었기 때문이었다는 시각이다.

나도 탈렙의 의견에 공감한다. 무한 '원뿔타기'를 하는 사람들도 자신의 실력으로 지금껏 올라왔다고 생각할지 모르겠지만 거기엔 분명

---

31 2008년 미국 경제전문지 〈포브스〉에 의해 세계 재력가 1위(재산 58조 8천억 원)에 선정되기도 했다. 주가 등락에 따라 재산의 변동 폭이 있다.

32 대공황과 같이 일어날 가능성은 극히 적으나 발생하면 상상을 초월하는 충격과 파급효과를 일으키는 사건을 지칭하는 용어. 나심 니콜라스 탈렙이 2007년 『블랙 스완(The Black Swan)』을 출간하면서 유명해진 말이다.

운의 요소를 배제할 수는 없다. 마지막 순간에 운이 다할지도 모른다. 그래서 적절한 시점에서는 내려와야 한다. 설령 다시 원뿔을 탄다 하더라도. 일단 탈렙의 얘기를 들어 보자.

몬테카를로 엔진[33]을 사용해서 가공의 펀드매니저 1만 명으로 모집단을 구성하자. 그리고 펀드매니저 모두 완벽하게 공정한 게임을 한다고 가정한다. 각자 연말에 1만 달러를 벌 확률이나 1만 달러를 잃을 확률이 각각 50%다. 제한 사항이 추가된다. 한 해라도 손실을 보면, 그 펀드매니저는 표본에서 완전히 탈락한다. 전설적인 투기꾼 조지 소로스처럼 운영하는 것이다. 그는 펀드매니저들을 방에 모아놓고 이렇게 말했다고 한다. "내년이면 당신들 가운데 절반은 쫓겨날 거요."

몬테카를로 엔진은 동전 던지기를 한다. 앞면이 나오면 펀드매니저가 1만 달러를 벌고, 뒷면이 나오면 1만 달러를 잃는다. 첫해에 동전 던지기로 실적을 결정하면, 펀드매니저 5,000명은 1만 달러를 벌고, 5,000명은 1만 달러를 잃는다. 둘째 해에도 같은 방법으로 게임을 진행한다. 두 해 연속 돈을 버는 펀드매니저는 2,500명이 될 것이다. 이어 셋째 해에는 1,250명, 넷째 해에는 625명, 다섯째 해에는 313명이 될 것이다. 이제 공정한 게임을 거쳐서 다섯 해 연속 돈을 번 펀드매니저가 313명 탄생했다. 순전히 운이 좋았던 사람이다.

이렇게 해서 좋은 실적을 올린 펀드매니저 한 사람을 현실 세계에 내보내면, 그는 매우 흥미로운 평가를 받게 된다. 스타일이 독특하다느

---

33 표본 추출에서 일어날 수 있는 모든 일이 동등한 확률로 발생하게 하는 기계. 쉽게 생각하면 로또 추첨기 같은 것을 들 수 있다.

니, 두뇌가 명석하다느니, 기타 그의 성공에 도움이 되었던 요소들을 열거하면서 우호적인 평가가 쏟아진다. 그러나 이듬해 그의 우수한 실적이 행진을 중단하면서(그의 승률은 항상 50%에 불과했다), 사람들은 그의 근무 자세가 흐트러졌다거나 생활이 방탕해졌다고 비난할 것이다. 그리고 성공할 때 했던 몇몇 행동을 중단했기 때문에 실패했다고 말할 것이다. 하지만 그는 단지 운이 다했을 뿐이다.[34]

모집단 1만 명에 50%의 승률을 적용하면 5년 뒤에는 3.13%인 313명만 살아남는다. 거기서 또 5년을 더 하면 313명의 3.13%인 9명이 살아남을 것이며 이제 3년만 더 해보면 1명만 살아남을 것이며 4년째에는 성공해서 살아남는 사람은 전멸될 것이다. 1만 명의 모집단이 13년 만에 1명의 생존자만 남긴다. 탈렙은 그 한 명에 운 좋게 버핏이 포함됐을 수 있다는 생각을 한 것이다. 그 우수한 9,999명의 펀드매니저는 다 멍청해서 탈락한 게 아니다.

물론 현실 세계에서는 모집단의 수도 셀 수 없이 많고, 개인별 승률을 수치화해서 적용하는 게 무리인 것은 사실이다. 그러나 성공 확률이 100% 이상이지 않는 한 연수가 더해질수록 성공에서 멀어지는 사람은 늘어날 수밖에 없다. 그리고 결국은 소수만이 성공한 사람으로 남을 것이다. 시간이 더 지나면 그 남은 소수는 극소수가 되어 세상을 지배할 것이다. 무한 '원뿔타기'의 결론은, 무한 반복의 무한수열을 타면 성공의 수가 결국은 0에 수렴하게 된다는 것이다.

---

34 나심 니콜라스 탈렙 지음, 이건 옮김, 『행운에 속지 마라』, 중앙북스, 2010, 197~199쪽에서 발췌.

우리 주변만 봐도 성공 가도를 달리다가 한 번의 실수든 한 번의 불운이든 실패의 나락으로 떨어지는 사람을 많이 볼 수 있다. 만약 그가 어느 정도의 성공에서 만족을 했다면, 추가적으로 동전을 안 던져도 됐다면, 죽을 때까지 그간의 성공에 대한 보상을 받으며 살아갈 수 있었을 것이다. 욕심이 성공으로 이끌 수는 있지만 그것이 무한 반복되면 결국은 탐욕과 함께 나락으로 떨어질 수밖에 없다. 또한 그 무한 반복의 성공 시도에서 고귀한 감정과 사랑, 배려의 마음을 잃고, 주위의 사람을 잃고, 자신도 잃을 것이다.

피터 린치는 원뿔의 정점에서 스스로 내려온 사람이다. 정말 보기 드문 용기다. 그는 무한히 원뿔을 타는 대신 가족과의 행복을 선택했다. 가족을 위해 살겠다는 다짐은 많이도 해 보지만 명함 없는 사회 생활을 너무도 무서워하는 우리에게 좋은 모범을 보였다.

그는 1969년 피델리티 인베스트먼트(Fidelity Investments)에 입사해 애널리스트 과정을 거친 뒤 펀드매니저로 활동했다. 1977년 2,200만 달러에 불과했던 마젤란 펀드(Magellan Fund)를 맡아 13년간 운용하면서 연 평균 투자수익률 29.2%이라는 경이적인 수익률을 기록했다. 이후 그가 운용하는 마젤란 펀드는 1990년에 140억 달러 규모의 세계 최대 뮤추얼펀드가 되었다. 1990년 4월, 46세의 젊은 나이에 가족과 보다 많은 시간을 함께 하기 위해 은퇴를 선택했다.[35]

이 후 피터 린치의 사생활은 크게 알려지지 않았다. 그것이 그의 바

---

35 피터린치의 생애는 위키백과를 참조해 정리했다.

램이기도 했을 것이다. 1944년생이니 올해로 71세이고, 은퇴 후 25년의 시간이 흘렀다. 누구나 최고의 자리에서 선뜻 물러난다는 것은 매우 어려운 결정이다. 그가 펀드운용업계에서 유독 눈에 띄는 건 그의 뛰어난 성과도 있겠지만 인간의 욕망이 가장 쉽게 드러나는 자본시장에서 그 욕망을 스스로 제어했다는 점 때문일 것이다. 자신의 현명한 결정 덕분에 그는 2000년 IT버블붕괴와 2004년 차이나쇼크, 2008년 세계금융위기 등을 피해갈 수 있었다. 만약 그가 계속 욕심을 부렸다면 마지막 동전 던지기에서 실패했을 수도 있지 않았을까?

내가 피터 린치의 삶을 더 좋아한다고 해서 버핏이 틀렸다는 말은 절대 아니다. 나는 '나는 맞고, 당신은 틀렸어'라는 말을 경계한다. 각 개인의 선호도의 차이일 뿐이다. '다름'이지 '틀림'이 아니다. 다만 우리 사회가 너무 균형을 잃고, 한 방향으로 치닫는 것은 경계한다. 한쪽의 소리만 강한 사회는 건강하지 못하며, 건강하지 못하면 쓰러진다. 균형감각이 튼튼해져서 우리 사회가 오래 건강하게 지속됐으면 좋겠다.

···범려와 장량···

중국 춘추시대 때 오吳와 월越 두 국가 간의 라이벌 관계는 초한지 楚漢誌만큼이나 흥미진진하다. 또한 등장인물의 면면 또한 초와 한의 영웅들과 견줘볼 만하다. 오나라에는 왕王인 합려閤閭와 그의 아들 부차夫差가 있었고, 책사로 손무孫武와 오자서伍子胥가 있었다. 월나라에는 왕인 구천句踐과 책사인 범려范蠡, 문종이 있었다.

우선 주도권을 잡은 나라는 오나라였다. 오의 합려는 오자서의 힘을 빌어 오왕吳王 요僚를 제거하고 왕위에 오른다. 이후 손자병법으로 유명한 손무와 오자서를 등용하면서 국력을 크게 신장시킨다. 이후 초楚와 제齊, 진晉을 제압하며 춘추패자의 자리에 오르게 된다.

구천의 아버지인 월왕越王 윤상允常이 죽은 틈을 타 오왕 합려는 월나라를 공격한다. 이때 월나라의 범려가 활약한다. 자살특공대를 보내 적의 눈앞에서 스스로 자결하게 했다. 놀란 오나라 군대는 월나라의 급습에 타격을 받았고, 오왕 합려는 부상을 입고 죽게 된다. 합려는 아들 부차에게 자신의 복수를 해줄 것을 유언으로 남긴다. 부차는 아버지의 원수를 갚기 위해 섶나무 위에서 자며(와신臥薪) 복수의 의지를 다진다.

오왕 부차가 아버지의 복수를 위해 3년간 전쟁 준비를 하며 힘을 기르고 있다는 소식을 들은 월왕 구천은 범려의 반대에도 불구하고 오나라를 선제 공격한다. 그러다 회계산에서 대패하여 부차의 포로가 된다. 범려는 오나라의 국력을 직접 알아보기 위해 월왕 구천과 함께 3년간 포로 생활을 한다. 구천과 범려는 오왕 부차 밑에서 말을 키우는 노역을 하다 겨우 환심을 사 월나라로 돌아오게 된다. 오자서가 월왕 구천을 제거할 것을 주장했지만 오왕 부차는 말을 듣지 않는다.

이번에는 월왕 구천이 곰 쓸개의 쓴맛을 보며(상담嘗膽) 복수의 의지를 다진다. 부차와 구천이 서로 간의 복수를 위해 와신상담臥薪嘗膽한 것이다. 범려는 중국 4대 미녀 중 하나인 서시를 부차에게 보내 미인계를 쓴다. 춘추패자가 된 오왕 부차는 계속된 성공 뒤에 초심을 잃고 방심하게 된다. 충신 오자서의 충고를 듣지 않고, 오히려 범려에게 매수된 간신들의 참언을 듣고 오자서를 죽이는 패착을 하게 된다.

반면 범려의 계책을 일관되게 시행한 월왕 구천은 17년간의 와신상담 끝에 드디어 오나라를 공격해 오왕 부차를 자결케 한다. 구천은 여세를 몰아 제나라와 진나라를 정복했고, 월나라는 춘추 말기의 패자가 되었다.

이때 범려의 통찰력이 빛난다. 범려는 권력의 속성을 알고 있었다. 월왕 구천이 힘든 시기를 같이 보낼 수 있는 인물이지만 평화 시기에는 공생할 수 없는 인물임을 간파했다. 월에서 누릴 수 있는 권력과 부귀명화를 버리고, 그는 제나라로 넘어간다. 월의 대부인 문종에게 토사구팽兎死狗烹의 위험을 알렸지만 머뭇거리던 문종은 구천에게 죽음을 당한다.

제나라에서 사업으로 거부가 된 범려는 제왕齊王 평공平公이 재상 자리를 제의하자 너무 큰 영달은 화의 원인이 될 것을 알고 재산을 이웃에게 나눠주고 도陶나라로 넘어간다. 그는 거기서도 사업에 성공을 거둬 부유한 말년을 보낸다.

오왕 부차에게는 오자서가 있었고, 월왕 구천에게는 범려, 문종이 있었다. 모두 뛰어난 재능을 가진 인재들이었지만 나아가고 물러감을 안 범려만이 살아남을 수 있었다.

장자방張子房은 최고의 명참모를 일컫는 대명사가 되었는데 자방은 장량張良의 자이다. 그만큼 중국에서는 장량을 역대 최고의 책사 중 하나로 평가한다.

초한지에서 초나라의 항우와 한나라의 유방이 주인공이지만 사실 유방이 초나라를 이기는 데는 장량, 소하蕭何, 한신韓信 세 명의 힘이 컸다. 이는 유방이 중국을 통일한 후 이 창업 3걸에게 모든 공을 돌린 데서도 그들의 공을 찾을 수 있다. 한의 창업 3걸은 임무 분담이 명확했다. 장량은 책사로 전체 전쟁 구도를 그렸으며, 인재 등용과 중요 정책 결정을 맡았었다. 소하는 재상으로 전쟁 보급과 내치에 힘을 실었다. 한신은 한나라의 대장군으로 전쟁을 직접 지휘했다.

초한 전쟁 초기 한나라는 초나라에 연전연패를 거듭했다. 그럼에도 한나라가 버틸 수 있었던 것은 적절한 병력 보급과 후방 지원을 멋지게 해낸 소하의 숨은 공이 컸었다. 항우 휘하에서 인정받지 못하고 있던 한신을 한나라의 대장군으로 발탁한 것도 소하였다. 한신은 불리한 하급 신분을 딛고 한나라 병권의 2/3 이상을 차지했던 명장군이다. 실제 항우를 무력으로 꺾은 것은 한신이었다고 해도 과언이 아니다.

그런데 유방의 사후에 이 세 호걸의 운명은 극과 극으로 갈렸다. 한신은 장량의 권고에도 불구하고, 권력 주변에 머물다 죽음을 당했다. 3만의 병력으로 배수진을 쳐 20만의 항우 군대를 이겨냈던 대장군도 그칠 때를 몰라 화를 당했다. 유방은 10만의 군사를 이끌 능력이 있지만, 자신은 군사가 많으면 많을수록 좋다多多益善고 평가했던 한신은 역모죄를 쓰고 유방의 포로가 되었고, 결국 비참한 최후를 맞았다. 그의 책사 괴통蒯通이 제갈량보다 먼저 천하삼분지계天下三分之計를 권했었다. 한신, 유방, 항우의 삼자 구도를 만들고, 이후에 천하 통일을 하라는 계략을 냈으나 한신은 이를 듣지 않았다. '역발산 기개세力拔山氣蓋世'의 항우를 꺾은 명장의 최후가 너무나 허무했다.

소하는 유방과 같은 고향 사람이다. 통일 후 여러 공신이 역모죄를 쓰고 처형당했지만 유방의 고향 패현 사람들은 화를 피한 사람이 많았다. 소하가 유방과 동향이라고 해서 살아남은 것은 아니다. 한때 유방의 의심을 사 투옥되기도 했으나 소하는 자신을 낮추는 처신으로 화를 피할 수 있었다. 남들이 부러워하고 좋다고 하는 것은 피하고 근검절약 정신으로 욕심을 다스렸다. 권력 최고 정점에 있던 사람이 스스로 욕심의 크기를 줄여 화를 피할 수 있었다.

유방이 천하 통일을 하자 장량은 부귀공명을 버리고 은둔 생활을 했다. 유방은 황제가 된 지 8년 만에 생을 마감했는데 그의 사후에 황후인 여후는 반란을 도모했다는 명분으로 수많은 창업 공신을 숙청했다. 토사구팽의 역사를 잘 알았던 장량은 명철보신明哲保身의 지

혜로 그 자신의 생존과 그 가문의 번영을 모두 얻을 수 있었다. 장량
과 그의 가족이 은둔한 곳이 요즘 관광지로 각광받고 있는 장가계(張
家界, 장씨 가문의 세계)다.

범려와 장량, 오자서와 한신은 평행이론의 대표적 인물로 꼽을 수
있을 것이다. 그들의 행보가 너무도 닮았다. 그들은 재능에서는 비슷
했지만 멈출 때를 몰랐던 오자서, 한신 등은 아쉬운 이름만 남기고
역사 뒤편으로 사라졌다. 반면 범려와 장량은 정치력으로 중국 역사
를 통틀어 손꼽힐 뿐만 아니라 지혜의 화신으로, 최고의 명참모로 칭
송받고 있다. 그들에겐 단지 작은 차이 하나가 있을 뿐이었다.

범려와 장량은 "공을 이루면 물러나는 것이 하늘의 도리다功遂身退
天之道"라는 노자의 가르침과 "만족함을 알면 욕됨을 당하지 않고, 그
칠줄을 알면 위태롭지 않다知足不辱 知止不殆"는 탁월한 처세 철학을 몸
소 보여준 철인哲人의 표본이다.

··· 김연아와 박경철 ···

'시골의사'란 필명으로 유명한 박경철의 원래 직업은 외과 의사다. 그런데 처음에는 의사가 아니라 투자자로 이름이 났다. 그의 직업은 다양하다. 베스트셀러 작가이기도 하고, 칼럼니스트로도, 경제평론가로도 이름이 났다. 방송인 활동도 했다. 벤처 사업가이기도 했고, 바이오 벤처 컨설턴트도 했다. 직업 정치인은 아니지만 모 정당에서 외부 인사로 그 당의 개혁에 참가하기도 했다. 정치인 안철수의 동반자로도 알려져 있고, 파워 블로거이기도 하며 인기 강연자이기도 하다. 마지막으로 공개 활동을 한 것은 여행작가로서 책을 낸 것으로 기억한다. 그는 여러 가지 직업을 가졌는데 제3자의 입장에서 볼 때 그 모든 일을 정말 잘한다. 대단한 재능을 가진 사람이다.

그는 따듯한 인간미를 가진 사람이기도 하다. 실제로 본업 이외의 칼럼 기고와 강연, 방송 출연 등으로 많은 수입을 올렸는데 본업인 의사로 버는 수입 외의 수익은 모두 기부한다고 한다. 이런 사람이 정말 '엄친아'라 불릴 만하다.

그런데 내가 그 사람에 대해 높게 평가하는 것은 그의 화려한 경력이 아니라, 그도 원뿔 정점에서 스스로 내려온 사람이라는 점 때문이다. 2008년도 글로벌 금융 위기가 일어나기 얼마 전으로 기억한다. 인터넷에서 그가 쓴 글을 보다가 그의 인터뷰를 봤다. 기자가 시황에 대해 물었고, 지금 주식은 어떻게 하는지를 물었다. 그의 대답이 당시 나에게는 신선한 충격이었다. 주식을 지금은 안 한다는 것이다. 먹고살 만큼 벌었기 때문에 더 할 필요가 없다는 게 그 인터뷰의 요지였다.

투자가로서 그렇게 혜안이 있는 사람이 투자를 더 하면 더 많은 수익을 얻을 텐데 스스로 그만뒀다. 지금은 왜 그가 그 출중한 실력을 가지고도 투자를 그만뒀는지 충분히 이해를 한다. 그러나 보통 사람으로서는 정말 쉽지 않은 결정을 한 셈이다.

특히 그는 병원 설립 초기 어머니의 사업 빚 때문에 큰 고생을 한 사람이다. 절박하게 3년간 하루 24시간 근무를 하며 빚을 갚았다. 돈에 대해서는 얼마나 한이 맺혔을까? 그런 사람이 눈앞에 보이는 이익을 버렸다. 대신에 자신이 좋아하는 일을 보다 폭넓게 하는 데 자신의 '소중한 시간'을 썼다.

그렇다. 인생에서 가장 중요한 것 중의 하나는 '시간'이다. 한정된 수명을 가진 인간에게는 시간이 정말 소중한 가치이다. 임종을 앞둔 수십조 원의 재산가가 있다면 자신의 수명을 건강하게 연장시키는 데 얼마를 지불할까? 우리가 소중함을 크게 못 느껴서이지만 시간 앞에서만은 우리가 역사적 영웅호걸들과도 동등하다. 우리가 아는 역사상의 위대한 인물들은 모두가 다 시간을 이기지 못하고 지하에 묻혀 있다. 나는 박경철이 '원뿔타기'를 과감히 중단한 게 자신이 해보고 싶은 일이 보다 다양하고 많았기 때문일 것이라고 생각한다. 그리고 스스로 정점에서 내려올 수 있는 용기를 가졌기 때문에 그에 따른 다양한 가치들을 경험할 수 있었을 것이다.

현재 나는 그가 어떤 일을 하는지 잘 모른다. 하지만 돈과 성공보다 더 소중한 가치가 있다는 걸 아는 사람은, 세상에 대한 균형 감각이 있는 사람은 언제, 어디에서든 자신의 소중한 인생을 행복하고, 재미있게 잘 보낼 것이라고 생각한다.

김연아가 2010년 밴쿠버 동계올림픽에서 보여줬던 두 번의 환상적인 공연은 아직도 피겨스케이팅 계에서는 전설로 통한다. 김연아는 사실 그것으로 그 누구도 넘볼 수 없는 정점에 오른 사람이다. 내 개인적인 생각이지만 그는 당시 모든 걸 이루었고, 조금은 지쳐 보였다. 스스로 내려 오고 싶어 하는 걸 강하게 느낄 수 있었다. 하지만 전 국민의 기대와 성원 때문에 어쩔 수 없이 한 번 더 올림픽에 나갔다. 그렇게 생각하는 이유는 밴쿠버 이전만 해도 그랑프리 대회에 부상이 아니면 빠지는 일이 없었는데 밴쿠버 이후에는 중간중간 공백의 시간도 많았기 때문이다. 마음이 떠나 있으면 집중하기가 어렵다. 그 자신이 절실히 원하지 않는 걸 주위의 커다란 기대 때문에 어쩔 수 없이 하고 있었다고 생각한다.

어쨌든 두 번째 올림픽인 소치 대회에서 논란이 많은, 억울함이 많은 은메달을 획득했다. 당시 본인의 아쉬움을 다른 사람이 대변할 수는 없다. 하지만 그는 소치 대회 후에 행복해 보였다. 만약 그가 무리해서 평창올림픽까지 선수 생활을 이어갔다면(실력만 놓고 보면 아직도 세계 최정상급이라고 생각한다) 현재보다 훨씬 많은 스폰서들로부터 지원을 받았을 것이다. 돈도 더 많이 벌 수 있었을 것이고, 더 많은 관심과 사랑을 받았을 것이다. 그럼에도 김연아는 은퇴를 선택했다.

나는 그가 옳았다고 생각한다. 이룰 것을 다 이룬 사람이 타인의 시선과 기대 때문에 또 다시 억지로 스케이트를 탔다면, 스케이트는 더 이상 그녀에게 행복을 줄 수 없는 괴물 같은 존재가 됐을 것이다. 그는 아직 어리다. 스케이트만 탔던 그의 어린 시절에 대한 보상이 필요하다. 다른 어떤 사람도 그의 인생에 간섭해서는 안 된다. 이미 기대치를 채워주기 위해 4년의 인고의 세월을 더 보낸 사람이다. 그는 다른 중요한 가치를 경험해볼 시간이 필요하다. 그가 인생의 2막에서 행복한 자신만의 소중한 시간을 보내기를 기원한다.

가끔씩 유튜브를 통해 그녀가 밴쿠버 올림픽 때 스케이트 타던 모습을 보곤 한다. 완벽하다. 볼 때마다 감동이다. 깊은 감동을 준 김연아가 고맙다. 큰 산을 스스로 내려온 김연아에게는 또 다른 고귀한 가치들이 기다리고 있을 것이다.

"Long live the Queen Yuna!"

"신이여, 우리 여왕을 보호하소서."

··· 세 얼간이 ···

라지쿠마르 히라니가 감독한 〈세 얼간이(3idiots)〉는 2009년에 만들어진 인도 영화다. 인도 역대 흥행 순위 1위에 올랐고, 인도영화 중 세계적으로 흥행에 성공한 영화다. 이 영화의 원작소설 『Five Point Someone: What not to do at IIT!』은 인도에서 영어로 쓰여진 책 중에서 가장 많이 팔린 것으로 기록되기도 했다. 스토리가 매우 탄탄하다. 최근 영화라 보신 분들이 많을 거라고 생각한다. 혹시 이 영화를 보지 않으신 분들은 이 얘기를 건너뛰어도 된다. 스포일러가 있다.

란초, 파르한, 라주 이 세 명의 천재는 인도 최고의 공과대학 ICE에서 처음 만난다. 엄격한 아버지의 기대에 부응해 자신이 좋아하는 일을 포기하고 공학을 선택한 파르한과 병든 아버지와 가난한 식구의 생계를 위해 대기업에 가야만 하는 라주가 5년간 소식이 끊겼던 란초를 찾아 나서며 이야기는 시작된다.

이 영화의 주인공인 란초는 사회적 기준으로 보면 '똘끼' 가득한 천재다. 인도 최고의 수재들만 모인다는 ICE에서 최우등생으로 졸업하는 수재 중의 수재다. 그런 그는 배움에 대한 열정이 가득한 사람이다. 학점이나 졸업 학위, 좋은 직장으로의 취업을 위해서가 아니라 공학 자체를 사랑하는 사람이다. 그러나 그는 불합리한 관습이나 고정관념을 거부하는 강한 자아自我를 가진 사람이었다.

사회적 기준에서 성공의 성공만 해 봤던 ICE의 천재들은 천재들끼리의 경쟁에서는 서로 힘겨워한다. 자신의 연구를 인정받지 못하고, 학점을 따지 못해서 자살하는 친구도 나온다. 별명이 '바이러스'인 이 학교의 학장은 무한 경쟁과 승리, 끝없는 삶의 레이스만을 강조하는 사람이다. 그런 삶을 살아왔던 사람이고, 지금껏 그 방식으로 생존한 사람이다. 현재 우리 사회의 기득권층을 대표하는 인물이다. 그에게 행복의 관점은 없다. ICE는 무조건 최고여야 하고, 경쟁은 당연한 것이며, 이 경쟁에서 무조건 이겨야만 한다. 그래서 끊임없이 학생들을 성공의 방향으로만 몰아간다.

잘못된 관행과 고정관념에 강한 거부감을 가진 란초와는 당연히 갈등 구조의 핵심에 서게 된다. 파르한과 라주는 이 매력적인 청년에게서 이제껏 당연하다고 생각했던 것을 다르게 생각할 수 있는 방법을 배우게 된다. 그리고 그들은 절친한 친구가 된다.

졸업 후 란초는 사라진다. 인도 최고의 대학에서 최우등생으로 졸업한 천재가 사라진다. 사실 그는 주인의 명문대 학위를 대신 따주는 역할을 한 하인이었다. 란초는 자신의 이름이 아니라 주인의 이름이었다. 그가 사라진 건 어쩔 수 없는 선택일 수도 있었다.

우여곡절 끝에 파르한과 라주가 란초를 찾은 곳은 오지의 초등학교에서였다. 란초는 그곳의 선생님이다. 그는 원래 자신이 좋아하는 일을 하고 있었다. 아이들을 가르치는 것을 행복해했다. 또한 공학에 대한 사랑과 열정으로 그는 자연스럽게 많은 지적재산권과 특허권을 가지게 됐다. 그리고 그곳에서 연인과 행복한 삶을 살고 있었다.

학창 시절 이 최우등생을 항상 시기해왔던 차투르도 란초를 찾았다. 그는 사회적으로 성공한 자신을 자랑하고 싶어 했고, 초등학교 선생님이 된 란초를 조롱했다. 그러나 차투르의 보다 큰 성공의 열쇠를 쥔 인물은 란초였다. 차투르가 그렇게 찾아 헤맸던 특허권의 주인이 란초였던 것이다.

이 영화에서 유명해진 주문呪文 '알이즈웰(all is well, 모든 게 잘될 거야)' 이 이 영화의 주제일 수 있다. 그러나 나는 성공의 가치보다 행복의 가치, 고정관념보다는 자유로운 사고, 불합리한 관습보다는 자신만의 기준을 따르는 란초의 삶 자체가 주제로 읽힌다. 경쟁에서의 승리, 사회적 성공만을 최고의 가치로 바라보는 사회적 시각이 ICE의 천재를 자살로 몰아갔다. 사회적으로 성공을 했지만 그보다 더 성공한 사람 앞에서는 고개를 숙여야만 하는 차투르의 삶이 그렇게 행복해 보이지 않았다. 행복한 사람 앞에 더 행복한 사람은 없다.

'알이즈웰'을 읊조리며 자신의 현재에 행복과 만족을 느끼는 란초가 영화에서뿐만 아니라 진짜 삶의 주인공이 아닌가 생각한다. 그가 하인의 신분이 아니라 주인의 신분이었어도 크게 달라지지 않았을 것이라고 생각한다. 분명한 자아自我를 가진 사람이면 자신을 잊지도, 잃어버리지도 않을 것이기 때문이다. 란초도 분명 스스로 산을 내려온 사람이다. 그래서 성공보다 더 빛나고, 눈부신 행복한 삶을 사는 것이라 생각한다.

제4장

우리 사회의 성공 후유증

··· 잘못 끼워진 단추 1:
교육, 노후 대비 ···

우리 사회는 분명 성공 지향 사회다. 세계 최강의 사교육 열기熱氣는 성공 지향의 또 다른 이름이다. 이러한 교육에 대한 갈망이 사실 우리나라를 이 정도 수준까지 끌어올렸다. 모두가 가난하던 시절, 교육을 제대로 받지 못한 우리 조부모 세대의 한이 부모 세대의 눈과 귀를 열어 주었다. 누구도 부인할 수 없다. 그런데 지금은 과유불급過猶不及의 수준마저 넘어버렸다. 적당한 열기면 이 사회를 따뜻하게 데우는 역할을 하겠지만 지금은 온 사회 여기저기에 불을 지르고 있다.

우리는 누구나 자신이 행복하게 살기를 기원한다. 행복해지기 위해서 여러 가지 방법으로 노력하는데 그 노력의 중심은 돈(성공의 다른 이름으로 굳어진 것 같다)을 많이 벌기 위한 것으로 보인다. 행복해지려고 했는데 돈(성공)을 많이 벌면 행복해지는 것으로 착각한다. 아래는 우리가 '일반적으로' 행복에 도달하려고 노력하는 여정을 간단히 도식한 것이다.

어릴 때부터의 사교육, 영어 조교육, 선행학습 → 좋은 성적
→ 사교육, 경쟁승리 → 국제중, 특목고 → 사교육, 경쟁승리
→ 명문대학 → 사교육, 경쟁승리 → 좋은직업, 직장 → 경쟁승리
→ (돈, 명예?) → (행복, 자아실현?)

이렇게 학교에서도 입시를 위한 교육이 대부분이다. 유치원부터 초등학교, 중학교, 고등학교 이 네 교육기관은 좋은 대학을 가기 위한 학원으로 바뀐 지 오래다. 사교육은 필수 요건으로 자리 잡았다. 우리나라 학생은 어릴 때부터 이렇게 원뿔을 타기 시작한다. 그 어린 학생들도 원뿔에 매달려 있다. 이렇게 해서 원한 바의 목표를 모두 달성할 수 있다면 그래도 이해할 수 있다. 그러나 세상의 바뀌었다. 각주구검刻舟求劍의 우患를 범해서는 안 된다.

이런 성공 도식은 이제 통하지 않는다. 막대한 교육비를 투자하고도 상급학교로 진학할 때마다 어쩔 수 없이 우리 아이들 중 많은 이들이 탈락을 한다. 명문대학에 가는 사람은 넓게 봐도 전체의 3%가 되지 않는다. 거기서 또 좋은 직장으로 넘어가는데 또 많은 탈락자가 발생한다.

앞서 몬테카를로 엔진으로 생존의 시뮬레이션을 돌려보았다. 결국 연수가 쌓일수록 생존자는 극히 일부만 남는다. 자신만은, 자기 자식만은 다르다는 착각에 빠지지 말자. 확률적으로 승산이 희박한 게임이다. 소위 SKY 출신도 취업의 어려움을 호소한다. 그 어려운 관문을 뚫고 대기업에서 일하는 사람들을 보자. 자기 시간이 없다. 입사 후 단지 10여 년 후에는 조기퇴직에 대한 공포를 가지고 산다. 결코

행복해 보이지 않는다. 한발 떨어져서 바라보면 원뿔에 붙어 있는 내 자식을 볼 수 있다. 미끄러져 떨어지지 않기 위해서 아등바등한다. 경쟁의 시각이 아닌 부모의 마음으로 바라보자. 해도 안 되는 게임을 하고 있는 우리 아이들이 너무 불쌍하다.

우리 부모도 사실 불쌍하다. 안 되는 게임인 줄 알면서도 다른 집 애들도 그렇게 하니 따라 할 수밖에 없다고 한다. 그런데 우리 부모가 잊어서는 안 되는 게 있다. 우리는 전대미문前代未聞의 시대에 살고 있다는 점이다. 과거의 방식을 고집하다가는 어떤 고초를 겪게 될지 아무도 모른다. 아래는 노인 빈곤에 대한 뉴스 보도다.

한국 노인 빈곤 OECD '최악'… 연금소득은 '최하위권'

고령화가 급격히 진행되고 있는 우리나라의 노인 빈곤율이 경제협력개발기구(OECD) 회원국 중 가장 높지만 연금의 소득대체율(Net replacement rate)은 최하위권 수준인 것으로 나타났다. 빈곤율은 가처분 가구 소득을 기준으로 중위 소득의 50% 이하에 속하는 비율을 가리키며, 연금의 소득대체율은 은퇴 전 개인 소득과 비교해 은퇴 후 받는 연금 수령액의 수준을 의미하는 지표로 세후 기준이다. 15일 한국노동연구원의 '노인의 빈곤과 연금의 소득대체율 국제비교' 보고서에 따르면 국내 인구가 급속도로 고령화되면서 2014년 기준으로 노동시장에서 65세 이상 인구가 차지하는 비중은 15.1%(640만 6천 명)에 달하는 것으로 조사됐다. 같은 해를 기준으로

65세 이상 인구 중 취업자 비중은 31.3%로 200만 명을 웃돌았다. 그러나 우리나라의 65세 이상 인구의 증가 속도는 4.1%로 이스라엘, 미국과 함께 빠른 것으로 분석됐다.

이처럼 우리나라에서 65세 이상 인구의 증가 속도가 빠른 가운데 노인 빈곤율은 2011년 기준으로 OECD 회원국 중 가장 높았다. 우리나라 65세 이상 노인 빈곤율은 48.6%로 2위인 스위스(24.0%)의 배 수준으로 압도적으로 높았다. 그 뒤를 이스라엘(20.6%), 칠레(20.5%)가 이었다.

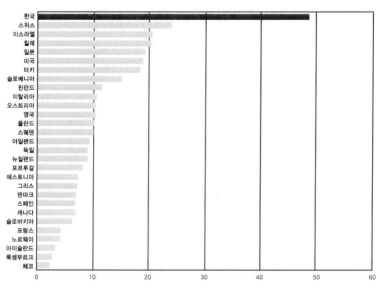

OECD 회원국의 은퇴연령인구 65세 이상 인구의 빈곤율(2011년 기준), (단위: %)[36]

하지만 인구고령화 속도와 노인 빈곤율이 상대적으로 높고 노인 취

36 한국노동연구원 자료

업자의 비중이 확대되는 우리나라에서 2012년을 기준으로 한 연금의 소득대체율은 45.2%로 OECD 회원국 평균인 65.9%에 한참 못 미쳤다. 이는 주요 국제기구가 권고하는 70~80% 수준을 크게 밑도는 수준으로 우리나라보다 연금의 소득대체율이 낮은 국가는 34개국 중 멕시코, 일본, 영국, 뉴질랜드, 아일랜드뿐이었다.[37]

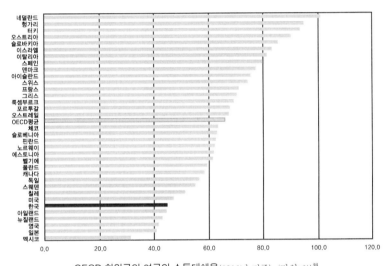

OECD 회원국의 연금의 소득대체율(2012년 기준), (단위: %)[38]

우리나라가 OECD 국가 중 가장 빨리 늙어가고 있다. 현재 빈곤율은 2위권 국가 대비 2배 이상 높다. 현재의 노인 빈곤층은 우리 조부모 세대다. 대한민국 성장의 과실을 가장 많이 딴 세대다. 그런데 노후 준비가 전혀 되어 있지 있다. 우리 조부모 세대는 자식이 은퇴한

---

37 연합뉴스, 국기헌 기자, 〈한국 노인빈곤 OECD 최악, 연금소득은 최하위〉 2015.3.15. 기사에서 발췌.

38 한국노동연구원 자료

부모를 봉양하는 것을 보고 자란 세대다. 그래서 그 당시 기준으로는 노후 준비를 할 필요가 없었다. 은퇴하고 나면 약간의 퇴직금과 자식만 믿으면 됐다. 그리고 환갑이 얼마 지나지 않으면 자신도 그들의 부모처럼 세상을 떠날 것이라고 생각했을 것이다.

그런데 세상이 바뀌다 보니 심각한 노인 빈곤 문제에 시달린다. 그들이 봐 왔던 기준이 바뀐 것이다. 이제 자식들이 부모를 부양할 여건이 어려워지고 있다. 지금 부모 세대 중에는 그래도 조부모 세대를 부양하는 경우가 있다. 그렇지만 지금 청년 세대는 부모 세대를 부양할 수가 없다. 강조하지만 세상이 바뀌었고, 전대미문의 시대가 됐으며, 게임의 법칙이 바뀌었다. 현재 부모 세대가 자녀 교육에만 올인하다 노후를 맞게 되면 고려장高麗葬이 부활할지도 모른다. 미래의 역사책에는 '대한민국장大韓民國葬'이라고 할지도 모르겠다.

부모는 자녀가 스스로 크도록 도움을 주는 선에서 그쳐야 한다. 올인은 최상류층의 돈이 남아도는 사람이 해도 된다. 현재의 중산층은 소득이 끊기면 몇 달 내에 빈곤층으로 떨어질지 모른다. 현재의 중산층이 현재의 기준으로 자신을 보면 안 된다. 퇴직하면 바로 추락이다. 현재의 기준으로, 보이는 대로 봐서는 안 된다. 현재 보이지 않는 걸 스스로 봐야 한다. 누구도 대신 봐 주지 않는다. 우리가 진정 원한 바가 아니었다고 믿지만, 나와 선배 세대는 지금의 젊은이들과 그 이후의 세대가 누려야 할 것까지 다 빼앗아버렸다. 이제 부모는 자신의 은퇴 후에 자식에게 부담이 안 되는 존재로 남아야 한다. 그게 자식 세대에 대한 최소한의 배려다.

··· 잘못 끼워진 단추 2: 부동산 ···

지난 50여 년간 우리는 인플레이션 시대에 살았다. 거기에다 우리는 세계 역사상 유래를 찾기 어려운 고성장을 했다. 그래서 자산을 취득하면 그것이 몇 배, 몇십 배 올랐다. 집만 사면, 부동산만 사면 돈을 벌었다. 그래서 전 세계 어디에도 없다는 전세 제도가 생겼다. 타인 자본으로 레버리지를 일으켜 부동산을 취득하는 데 더없이 좋은 제도였기 때문이다. 그런데 다들 공감하시겠지만 이게 이제는 한계점에 서서히 다다르고 있다.

2002년 정도로 기억한다. 그 당시 강남의 중소형 아파트 가격은 2억 원 정도였다. 강북은 1억 5천만 원 정도 한 걸로 기억한다. 그 당시 소득이나 지금이나 크게 차이는 없었다. 평균적인 직장인이면 몇 년 동안 1억 원 정도 모을 수 있었다. 그리고 상대적으로 적은 금액의 대출로 집을 살 수 있었다. 희망이 있었다.

그런데 IT 버블 후에 미국은 경기 진작을 위해 지속적인 금리인하정책을 폈다. 이는 전 세계적으로 자산 가격의 버블을 다시 만들었다. 전

세계의 부동산 가격이 급등하기 시작했다. 미국의 대통령은 이에 동조해 자기 집 갖기 운동을 펴기도 했다. 거지에게도 대출을 해 주기 시작했다. 그 유명한 서브프라임 모기지 대출(subprime mortgage loan)이다.

유로존에서도 부유하지만 기후적으로 불리한 중북부 국가들의 자금이 기후가 좋은 남부 유럽의 부동산으로 몰렸다. 부자들의 세컨드 하우스 붐이 생긴 것이다. 돈이 몰리자 포르투갈, 이탈리아, 그리스, 스페인(PIGS) 등 남부 유럽에서도 버블이 생겼다. 주택 건설 붐이 생겼다. 집값은 더 올랐다. 호주에서는 철광석과 석탄 가격의 폭등으로 광산 거부들이 생겨났다. 시중에 이런 돈이 풀리자 부동산이 가만히 있을 수 없었다. 중국도 마찬가지였고, 우리나라도 예외는 아니었다.

거기에다 중국의 고성장이 이어지면서 세계 자원 시장에도 엄청난 버블이 생겼다. 중국은 경제성장과 도시화가 급속도로 이뤄지면서 전 세계의 지하자원을 싹쓸이했다. 버블기의 가수요도 따라 붙었다. 유가, 철광석 등의 자원 가격이 매일 사상 최고치를 경신했다. 그러면서 이 자원을 운반할 해운업도, 조선업도 역사상 최고의 정점을 찍었다. 중국 수요가 많은 철강산업, 석유화학산업도 호황의 절정기를 누렸다. 이례적인 슈퍼사이클(super cycle)이 발생한 것이다.

자산 버블이 생기고, 중국의 고성장이 뒷받침해주니 주식시장도 폭등했다. 항간에서는 이를 두고 골디락스(goldilocks)[39]장세라고도 했다. 모든 게 순조로워 보였다. 자산을 쥐고 있는 사람은 모두가 부자가 되는 듯 보였다.

---

39 고성장을 이루면서도 물가 상승이 없는 이상적인 경제 상황을 말한다.

2000년대 중반에 우리나라에서만 부동산 가격이 폭등한 것으로 오해하는 사람이 있다. 그때 부동산 폭등은 세간의 말처럼 "노무현 탓"이 아니었다. 전 세계적인 버블에 우리도 함께 휘말린 것뿐이었다.

그런데 그 결과는 참혹했다. 미국 서브프라임 모기지에 문제가 발생하기 시작했다. 집값이 너무 올라서 추가적인 상승에 한계를 보이기 시작하면서 부실 대출이 발생하기 시작한 것이다. 베어스턴스(Bear Stearns)가 무너졌다. 위기의 사인이 나온 것이다. 그런데 시장은 이를 무시했다. 한 기업의 파산쯤으로 여겼다. 경고의 사인이 조금씩 나오긴 했지만 그러려니 하고 넘어갔다. 그러다 리만브라더스(Lehman Brothers)가 무너졌다. 그리고는 완전히 버블이 터져 버렸다.

2008년 글로벌 금융 위기는 1930년대의 대공황만 한 대재앙이 될 뻔했다. 그나마 G20을 위시한 전대미문의 국제적 공조로 대재앙 수준까지 가는 건 막았다. 그러나 이후 유럽에서 경제 체질이 약했던 PIIGS(포르투갈, 이태리, 아일랜드, 그리스, 스페인) 국가의 국가 부도 이슈가 한동안 오래갔다. 신화로 불렸던 두바이도 부도 위기까지 갔다. 이렇게 버블이 터진 이후 미국과 유럽 등의 부동산 가격은 30%~40% 내외까지 빠지며 버블을 일정 부분 걷어냈다. 물론 이후에 다시 서서히 오르긴 했지만 부실 자본을 털어낼 기회는 가졌었다.

그런데 중국과 우리나라는 이런 과정을 제대로 겪지 않았다. 중국은 그나마 고성장을 유지하고 있었고, 공산당이 자본주의를 하는 특이한 경제구조를 가지고 있었다. 지금은 수면 아래로 잠시 가라앉았지만 그림자금융[40]의 힘 등으로 부동산 버블 문제가 잠시 미뤄졌다고 생각한다. 중국도 외부 충격이 있으면 고통의 시간을 보낼 개연성이 크다고 생각한다.

우리는 부동산 문제를 제대로 풀지 못했다. 지난 정권 최대의 치적(?)은 부동산 버블이 터지는 것을 막았다는 것이다.[41]수시로 쏟아내는 부동산 부양책으로 그나마 버블이 터지지는 않았다. 그러나 하우스푸어 문제가 본격적으로 대두되기 시작했었다. 그런데 지금 우리 정부도 경기 진작의 방법으로 부동산 부양을 택했다. 현재의 고통을 다음 세대로 계속 미루고 있는 것이다. 그 결과로 집값은 약간 오르는데 반해 전세 가격은 폭등했다. 이제는 하우스푸어의 고통을 렌트푸어에게 전가하는 데 성공한 듯 보인다. 사회적인 약자에게 계속 고통을 넘기고 있는 것이다.

1~2억 정도의 아파트면 현재 국민의 수입으로도 수년 정도 고생하면 마련할 수 있다. 그런데 이게 강남은 10억 언저리에, 강북도 4~5억을 호가한다. 현재 국민의 임금 수준으로는 여전히 높은 가격이다. 1억 정도 대출은 고생스러워도 소화를 할 수 있지만 2~3억의 대출은

---

40 그림자금융은 은행과 유사한 기능을 하지만, 중앙은행의 유동성 지원이나 예금자 보호도 원활하게 받을 수 없어 시스템적 위험을 유발할 가능성이 높은 금융상품과 영역을 총칭한다. 여기서 '그림자'라는 말은 은행 대출을 통해 돈이 유통되는 일반적인 금융시장과 달리 투자 대상의 구조가 복잡해 손익이 투명하게 드러나지 않는다는 점에서 붙은 것이다. 시사상식사전.

41 부동산 버블이 그 당시 바로 터지지 않았던 건 사실 참여정부의 DTI, LTV 규제가 가장 큰 역할을 했다고 생각한다. 그나마 미국, 유럽에서 보였던 금융기관의 약탈적 대출을 이 두 가지 규제로 막았기 때문이다.

버겁다. 그런데도 부동산 부양을 택했다. 부동산 부양은 젊은 세대에 겐 삶의 희망을 꺾어 버린다. 거기다 경제인구의 다수를 차지하는 자영업자의 생존을 위협한다. 조기 퇴직자가 많아져 우리의 자영업 비율은 매우 높은 상황이다. 자영업이 내수 부진으로 고전하는 것도 있지만 가장 힘든 건 임대료다. 임대료를 내고 나면 남는 게 없다. 임대료의 상승이 역으로 내수부진에 악영향을 주고 있다.

2003년 카드 대란을 기억하실 것이다. 2002년에는 IT 버블의 후유증으로 전 세계 경제가 고전할 때다. 그런데 그해 우리나라는 7%대의 고성장을 기록했다. 당시 정부가 경기 진작을 위해 신용카드의 남발을 묵인한 게 원인이었다. 빚을 갚을 능력이 안 되는 사람에까지 카드 발급이 이뤄졌다. 카드를 처음 발급받은 사람에게는 신천지였다. 능력보다 과한 소비가 이뤄졌다. 그리고 그해 지금은 상상도 하기 힘든 성장률을 기록했다. 그런데 그게 다였다. 그다음 해에 바로 카드대란이 발생한 것이다. 그리고 성장률은 고꾸라졌다. 다음 해의 성장을 미리 당겨서 쓴 결과다. 그때 처음 신용불량자란 말이 나왔다.

지금의이러한 부동산 부양책은 기성세대와 아파트와 부동산을 소유한 사회적 강자의 욕구만을 반영한 것이다. 사회의 약자인 젊은 세대와 자영업자의 입장은 전혀 고려하지 않았다. 미래 세대의 성장분을 우리가 당겨서 먹어버린 것이다. 그러면 내가 먹은 것 같지만 곧 탈이 난다. 가까운 카드 사태 때도 봤었다. 현재 잠시 힘들더라도 우리 사회가 대를 이어 지속 가능한 사회가 되도록 해야 했다. 나만 살자고, 지금만 좋자고, 내 자식과 자식의 자식 세대는 생각하지 않았다. 나와 나의 자식, 나의 후손은 하늘과 맞닿아 있는 존재임을 잊지 말자. 우리는 젊은 세대의 꿈과 희망을 꺾은 것에 대해 정말 석고대죄 해야 한다.

···밥그릇 싸움···

우리 사회는 지금 많은 불화와 갈등을 겪고 있다. 급성장의 후유증이라고 생각한다. 고성장 중일 때는 이런 갈등이 크게 드러나지 않는다. 파이가 계속 커지기 때문에 강자든 약자든 손에 쥐는 게 있기 때문이다. 조금이라도 가지게 되면 불만은 있을지언정 크게 불화를 드러낼 필요는 없다. 그런데 고성장기가 끝나고 저성장기가 되면서 나눌 파이가 없어졌다. 강자는 여전히 자신의 몫을 지키고자 하기 때문에 결국은 약자가 손에 쥐는 게 없어진다. 그러면 갈등은 폭발한다. 필연적인 문제다.

이런 갈등의 양상을 보면 대개가 밥그릇 싸움이다.[42] 밥그릇 싸움은 제로섬(Zero sum) 게임이다. 한 사람이 더 가지면 다른 사람은 덜 가질 수밖에 없다. 둘 다 더 가지거나 덜 가질 수가 없다. 둘 중에 하나는 손해를 보는 게임인 것이다.

---

42 밥그릇 싸움은 강자와 약자가 있지만 그래도 어느 정도 비슷한 세력 간의 이익 지키기 싸움이다. 여기서는 이 부분에 한정해 얘기한다. 소위 갑과 을에서의 분쟁은 밥그릇 싸움이라고 할 수 없다. 그건 갑의 을에 대한 일방적 착취다.

갈등의 양상은 너무도 다양하다. 미리 취업한 기성세대와 이제 취업을 하려 하지만 쉽지 않은 젊은 세대 간의 갈등, 좁은 문을 통과하기 위한 동료 간의 갈등, 정규직과 계약직의 갈등, 대기업과 하청기업의 갈등, 세금을 올리려는 정부와 조세 저항을 하는 국민, 국책 사업을 유치하기 위한 지자체 간의 갈등, 내 지역에 혐오시설은 절대 안 된다는 지역 간의 갈등 등등. 그런데 이런 갈등이 이제는 이익집단 간의 갈등 정도가 아니라 부모 자식 간의 갈등으로까지 번지고 있다. 사회의 갈등이 가정의 갈등으로까지 번져 사회가 밑바닥부터 무너지는 듯한 섬뜩한 느낌을 받는다.

이런 밥그릇 싸움은 제3자가 조정할 수 없다. 어느 한편을 들어주면 다른 편은 피해를 볼 수밖에 없기 때문이다. 그런데 이런 갈등의 양상에 갑갑함을 느끼지만 쉽게 답을 찾을 수가 없다. 어느 일방의 피해를 전제로 해야 문제가 풀리기 때문이다.

다만 이런 생각은 조심스럽게 해 본다. 지금까지 사회의 혜택을 조금이라도 더 본 곳에서 조금 더 '양보'를 하는 거것이다. 말은 쉽지만 결코 쉽지 않다. 어차피 파이는 줄어들었고, 나눠 가질 게 없다면 지금 좀 넉넉한 사람이 양보를 하자는 거얘기다. 일방적인 희생을 요구하는 게 아니라 적정한 선에서의 양보를 기대해야 한다. "당신이 많이 가졌으니 이제는 내가 당연히 가져야겠어"가 아니다. "당신이 많이 가졌으니 이번에는 조금만 갖고, 사회적 혜택을 못 받은 내가 조금 더 가지면 안 되겠느냐"로 접근해야 한다고 생각한다. 즉 'all or nothing'이 아니라 'more or less'로 접근하자는 것이다.

강자든 약자든 자신의 기득권은 포기하고 싶어하지 않는다. 내가 힘들게 쌓아서 올려놓은 걸 타인이 와서 내려 놓으라고 하면 반발할 수밖에 없다. 그리고 그렇게 요구하는 것 자체가 말이 안 된다. 민주주의, 자본주의 등 우리 사회의 기반을 무너뜨리는 일이기 때문이다.

제3자의 입장에서 갈등의 두 주체를 바라보면 갑갑해 보인다. '밥그릇 싸움을 안 하면 안 되나'라는 입장을 가질 수도 있다. 그러나 막상 내가 그 갈등의 주체에 포함이 되면 상황이 달라진다. 느긋한 관조자의 입장에서 첨예한 이익의 중심에 뛰어들면 내 이익밖에는 보이지 않을 것이다. 이건 누구나 그럴 수밖에 없다고 생각한다. 그래서 밥그릇 싸움 자체를 없애라고 할 수는 없다.

그런데 여기서 중요한 건, 'all or nothing'으로는 절대 문제 해결이 될 수가 없다. 그래서 밥그릇 싸움에서의 기준으로 'more or less'를 얘기하는 것이다. 누가 더 받고, 덜 받고도 첨예한 싸움이 될 것이다. 그래도 갈등의 양상에서 문제 하나는 풀고 들어가는 것으로 볼 수 있다. 이제 모두 잃는 사람은 없을 테니 과거에 비해 문제를 풀 여지는 더 나아질 것이라 생각한다.

단지 밥그릇 싸움뿐만 아니라 사회 각 영역에서 일어나는 갈등의 문제도 이런 식으로 풀어가면 어떨까 조심스럽게 제안해 본다. 처음부터 모든 문제를 한 번에 풀려고 하면 이해 당사자 간의 조율이 어렵다. 가장 기본적인 룰을 서로 만들고, 그 룰 속에서 대화와 타협의 의지를 발휘하면 좋겠다. 강자와 약자 모두 서로의 마음을 배려하는 중용의 미덕을 갖고서.

· · · 젊은이를 보호하라 · · ·

미래학자(professional futurist)란 직업이 있다. 말 그대로 미래를 예측하는 것이 직업인 셈이다. 우리는 미래를 예측하는 것이라면 관상이나 역술, 혹은 신 내림 이런 방식에는 익숙하다. 혹은 노스트라다무스같이 초인적인 능력을 가져 미래를 속속들이 집어내는 것에는 관대하게 바라보기도 한다. 그런데 미래학자는 학위 과정도 있던데 어떤 방식으로 미래를 예언하는 것일까?

깊이 있게 알지는 못하지만 그들의 책을 읽어보면 어느 정도 추정이 된다. 과거와 현재까지의 트렌드를 읽어, 그 트렌드의 발전 과정을 미래에 대입해서 미래를 풀어내는 것이다. 미래는 불확실하니까 현재까지의 트렌드가 미래 예측의 근간이 된다. 생뚱맞게 자신의 개인적 추정만 갖고 미래라고 제시할 수 없고, 믿는 사람도 없다. 미래가 불확실한 것은 맞으나 그래도 확률 높은 미래가 있다. 바로 인구구조다. 출생률과 사망률은 가까운 미래의 것을 추정하기가 상대적으로 수월하다. 그리고 오차도 그리 크지 않다. 그래서 이 인구구조를 통해 바라본 미래는 일어날 개연성이 매우 높다고 생각한다.

다음 장에 한국의 인구피라미드 추이가 나온다. 1960년, 1970년, 2000년, 2010년까지는 실제 데이터이고, 2020년, 2050년 자료는 실제 데이터와 추정 데이터가 혼합돼 있다. 우리나라의 인구구조는 드라마틱하게 바뀌었다. 1970년까지만 해도 전형적인 피라미드 구조를 가지고 있다. 젊은이는 많고, 노인은 적다. 경제활동 인구가 많고, 부양할 사람이 적다는 얘기다. 이상적인 구조다.

그런데 1960~1980년대 초반까지 우리나라는 근시안적 정책을 해버렸다. 산아제한이다. 그리고 그 정책이 너무 잘 먹혔다. 연간 출생 수가 급격하게 줄기 시작했다. 당시만 해도 먹고살기가 버거웠으니 그 당시의 정책으로서는 최선이었을 수 있었다. 그리고 지금은 결혼하기가 어려워서, 먹고살기가 힘들어서 국민 스스로가 산아제한을 하고 있다. 그 결과는 매우 좋지 않게 나타나고 있다.

2000년과 2010년의 그림을 보면 이미 2000년에 종 모양을 하고 있는 걸 확인할 수 있다. 그리고 2010년의 그림은 종 모양이라기보다 마름모에 가까운 모습을 보이고 있다. 2020년의 추정치를 포함한 그림은 좀 더 마름모의 모습이 완성돼 가고 있다. 완전히 마름모가 된다는 건 우리나라의 종말을 의미한다. 심각한 양상이다. 이렇게 인구구조가 30~40년 사이에 완전히 바뀌었다. 내가 계속 게임의 법칙이 바뀌었다고 말하는 이유 중의 하나다. 과거의 피라미드 시대에서 먹혔던 방식이 종 모양을 넘어 마름모 모양에 가까워지는 지금에 먹힐 수는 없다.

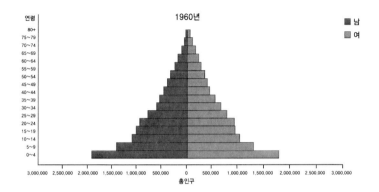

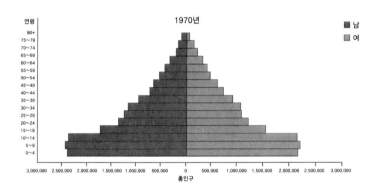

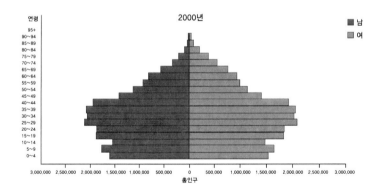

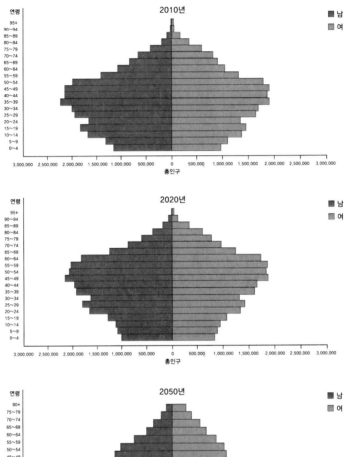

한국의 인구 피라미드[43]

---

43 최윤식 지음, 『2030 대담한 미래』, 지식노마드, 2013, 502~503쪽.

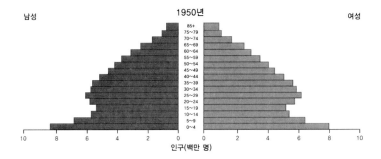

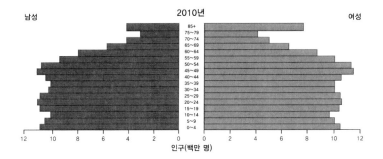

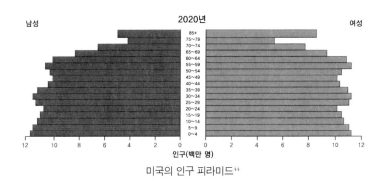

미국의 인구 피라미드[44]

---

44 최윤식 지음, 『2030 대담한 미래』, 지식노마드, 2013, 510쪽. 자료: US Census Bureau, International Data Base.

참고로 미국의 인구피라미드도 첨부했다. 인구 감소 현상이 발생하는 나라가 여기저기 나타나고 있지만 그렇지 않은 국가도 있다는 것을 알리고 싶었다. 미국의 인구구조는 안정적이다. 최소한 이런 나라는 나라의 씨가 마르는 것은 걱정하지 않아도 된다.

그렇다면 인구구조가 바뀌면 어떤 일이 일어나는 것일까? 젊은 세대가 이렇게 급격히 감소하는 상황에서는 어떤 것을 예측할 수 있을까? 이렇게 급격한 인구구조 변화는 사실 유래를 찾기가 힘들다. 전쟁이나 자연적 재앙 등이 아니면 인구구조는 쉽게 변하는 게 아니기 때문이다. 중세 시대 유럽은 흑사병이 퍼지면서 급격한 인구구조의 변화를 겪었다. 그 당시 어떤 일이 일어났었는지 살펴보자.

유럽에서 급속도로 퍼진 흑사병은 1348년에는 프랑스와 스페인 및 영국, 1350년경에는 북유럽까지 번졌고, 그 뒤 18세기까지 계속 재발하면서 400년 가까이 유럽인들을 괴롭혔다. 그 결과 유럽의 인구는 3분의 1 이상 줄어들었다. 이처럼 극적인 인구구조의 변화는 유럽의 경제구조까지 바꾸어 놓았다. 흑사병이 돌기 전까지 중세유럽은 농노 체제로 유지되고 있었다. 당시 유럽에서 농노는 매우 풍부한 자원이었고, 영주들은 값싼 농노들을 이용해 부를 쌓을 수 있었다.

그런데 흑사병이 돌고 난 뒤에는 완전히 상황이 달라졌다. 이 같은 변화는 모순적이게도 농노들의 가치를 크게 높여 놓았다. 흑사병 이후에도 토지는 그대로 남아 있었기 때문에 토지의 가치는 떨어졌고,

이를 경작할 농노가 중요한 자원이 된 것이다.[45]

흑사병으로 농노 경제의 근간이었던 농노가 급속하게 줄었다. 사람이 줄어드니 최고의 경제가치를 가졌던 토지의 가치가 떨어졌다. 그리고 농노의 가치가 올라갔다. 가치의 역전 현상이 발생했다. 패러다임이 바뀐 것이다. 이전의 토지 중심의 방식이 이제는 이 땅을 경작할 농노 중심으로 바뀐 것이다. 구조가 바뀌면 삶의 방식도 함께 바뀌어야 한다. 우리는 사회적인 변화에 따라 자신도 변화를 받아들이고 있는지 자문해 볼 필요가 있다.

우리보다 먼저 출산율 감소 현상을 겪기 시작한 많은 유럽 선진국들의 인구는 2015년부터 줄어들기 시작할 것이고, 현재 세계 경제의 마지막 성장 동력이 되고 있는 중국의 인구 역시 2020년을 정점으로 감소할 것이다. 흑사병이 창궐했던 14세기 이후 600여 년 동안 인류의 역사에서 인구 증가율이 이처럼 세계 곳곳에서 동시다발적으로, 이토록 빨리 떨어진 적은 없었다.

현재 젊은 세대의 고갈 속도는 천연자원의 고갈 속도보다 빠른 데다, 인적자원은 다른 어떤 것으로도 대체 불가능하다. 젊은이들이 사라지면 노동력뿐 아니라 소비시장까지 동시에 사라질 수밖에 없다. 이 때문에 미래 세대의 소중한 가치를 먼저 깨달아 지키고 보호한 나

---

45 박종훈 지음, 『지상 최대의 경제 사기극, 세대전쟁』, 21세기북스, 2013, 205~206쪽에서 발췌.

라만이 21세기를 주도할 수 있는 것이다.[46]

사태가 이런 상황까지 와 있는데 우리의 대처는 너무 미흡했다. 아직도 젊은이들의 소중함을 깊이 생각하는 사람이 드물다. 취업을 하지 못해 투정 부리는 어린애들로만 생각한다. 1960년대의 산아제한 정책처럼 근시안적 시각으로 우리 젊은이의 존재를 무시한다. 거기에다 그들의 미래 희망까지 꺾고 있다. 80%가 대졸자인 우리 젊은이들은 똑똑하다. 이런 인재들을 푸대접해서 외국으로 등 떠밀 수는 없다. 이런 보물 같은 우리 아이들을 외국인 노동자와 바꿀 수는 더더군다나 없다. 우리의 미래들에게 암담한 현실만을 남겨주고, 어떤 대책도 새로운 희망의 싹도 보여줄 어른들은 없는가? 눈을 낮추라고만 하지 말고 희망을 보여줘야 한다. 판도라 상자를 열고 난 뒤의 혼란 상황에서도 희망은 남아 있었다. 그런데 우리 젊은이들에게는 이 희망조차도 안 보인다. 우리는 젊은이를 보호해야 한다. 아래는 미래학자 최윤식의 코멘트다.

"우리나라는 지금 세계에서 가장 빠른 속도로 생산가능인구가 감소할 것으로 예측된다. 한국의 생산가능인구는 2016년에 전체 인구의 72%로 정점을 찍은 뒤 가파르게 하락해서 52%까지 떨어질 것으로 예측된다. 그래서 구조적인 개혁이 뒷받침되지 않으면 성장의 덫에서 빠져서 벗어나기 어려울 수도 있다. 일본은 1996년부터 생산가능인구가 감소하면서 잃어버린 20년이 시작되었다."[47]

---

46 박종훈 지음, 『지상 최대의 경제 사기극, 세대전쟁』, 21세기북스, 2013, 211~212쪽.

47 최윤식 지음, 『2030 대담한 미래』, 지식노마드, 2013, 514쪽.

··· 3D 업종과 외국인 노동자 ···

우리가 흔히 착각하는 것 중에 하나가 우리나라 사람들은, 아니 우리 젊은이들은 힘들고(Difficult), 더럽고(Dirty), 위험한(Dangerous) 일을 기피한다는 얘기다. 인력을 구하기 어렵기 때문에 어쩔 수 없이 외국인 노동자를 고용해야 한다고 주장한다. 노동시장에서 공백이 발생했고, 저임금 직종이어서 우리나라 사람의 노동시장과 겹치지 않는다고 당연시 표현하는 사람도 있다.

정부에서는 한술 더 떠 다문화를 홍보, 지원한다. 사실 여부는 확실하지 않으나 우리나라 인구 감소 문제를 저임금 외국인으로 채우려는 듯한 '인상'을 받는다. 한 정당에서는 귀화한 외국인 몫으로 국회의원 자리를 내주기도 했다. 공영방송 KBS에서는 매주 다문화를 홍보하는 프로그램을 방영한다. 송파 세 모녀 사건과 같이 아직도 극빈의 생활을 하는 우리 국민이 많음에도 단기적인 시각으로 외국인 노동자 수입에 열을 올린다. 도대체 누가 이 나라의 주인인가?

3D 업종이기 때문에, 우리 젊은이들이 배가 불러서 일을 하지 않으려고 한다는 말은 거짓이다. 매스컴을 통해 서서히 우리를 세뇌시켜

왔다. 아래는 과거 3D업종의 대표적인 직종이었던 환경미화원 채용에 관한 기사다.

'환경미화원 고시'… 경쟁률 57대 1

전주시 환경미화원 공개채용 경쟁률이 역대 최고치를 기록, 높은 인기를 실감케 했다. 1일 전주시에 따르면 지난달 23일부터 27일까지 환경미화원 공개채용 원서를 접수한 결과, 11명 모집에 모두 632명이 몰려 57.5대 1의 경쟁률을 보였다.

지원자들의 학력은 대학 졸업자 148명, 대학원 졸업자 5명, 전문대 졸업자 144명 등 전체의 47%가 전문대졸 이상인 것으로 집계됐다. 한때 3D업종으로 분류되던 환경미화원이 이처럼 높은 인기를 끄는 이유로는 급여와 근무환경, 지원자격 등이 복합적으로 작용했다는 분석이다. 현재 전주시 직영 환경미화원의 신분은 무기계약직으로 만 62세까지 정년이 보장된다. 초임 연봉이 3,500만 원으로, 주요 중소·중견기업의 대졸 초임 연봉과 비슷한 수준이다.

전주시 관계자는 "지난해에 비해 모집 인원은 줄어든 반면 지원자 수는 큰 폭으로 늘어나면서 경쟁률이 대폭 올라갔다"면서 "예전에 비해 업무가 수월해지고 급여가 오르는 등 근무여건이 크게 개선된 점이 구직자들의 관심을 끈 것 같다"고 말했다.[48]

---

48 전북일보, 최명국 기자, 〈환경미화원 고시, 경쟁률 57대 1〉 2015.3.1. 기사에서 발췌.

이 기사에 해답이 다 나와 있다. 우리 젊은이들이 힘들고, 더럽고, 위험한 일을 하기 싫어서가 아니라 지금 3D 업종에서 주는 연봉으로는 먹고살기가 힘들고, 미래에 대한 꿈을 키울 수가 없기 때문에 '할 수가 없는 것'이다. 희망이 없는 삶이 보이는데 자청해서 하려는 사람이 없는 건 당연하다.

반면 외국인 노동자에겐 대한민국이 꿈을 이룰 수 있는 곳이다. 그들에게 100~200만 원 정도의 월 급여는 그네 나라에서는 몇 달 일해야 벌 수 있는 금액이다. 한국에서 수년만 참고 일하면 고향으로 돌아가서 자신의 꿈과 희망을 가꿀 수 있는 가능성을 쌓을 수 있다. 코리안 드림(Korean Dream)이 있는 것이다.

아이러니하게 한국인이 피와 땀, 눈물로 가꾸어온 조국 대한민국에서 자국민은 삶의 지옥을 겪고 있고, 우리 사회에 기여한 바가 전무한 외국인만 꿈을 키워나간다. 이건 눈앞의 이익만 보는 기업과 이를 방조한 정부의 책임이 제일 크다. 더 이상 국민을 호도하지 말아야 한다. 이건 차별이 아니다. 우리 국민은 교육, 국방, 납세의 의무 등을 다해왔다. 이 나라의 주인으로서 국민의 의무는 다해왔다. 그럼 권리를 챙겨줘야 한다.

외국인 노동자는 대한민국에 기여한 바가 아무것도 없다. 국방의 의무도 하지 않았고, 세금도 제대로 내지 않는다. 대한민국 국민으로서의 교육도 받지 않았다. 당연히 대한민국에 대한 애국심이 없다. 그리고 그들은 자신의 목적을 이루면 고향으로 돌아갈 사람들이다.

국내의 외국인 노동자 수는 불법체류자를 포함해 150만~200만 명 정도로 추정한다. 그들의 평균임금은 정확히 알려진 바는 없지만 평균 월 150만 원 정도 받는다고 가정해 보자. TV 다큐멘터리에서 언급된 바로는 그들은 한 달에 10만 원도 채 소비하지 않는 사람이 많다고 한다. 넉넉히 잡아 50만 원을 쓰고 월 100만 원을 본국으로 송금한다고 가정해 보자.

송금액 연간 1,200만 원×150만 명(이 수치도 보수적으로 봤다) = 18조 원.

반대로 생활비를 타이트하게 10만 원만 쓴다고 가정하고, 외국인 노동자의 수도 최대치로 반영한 경우다.

송금액 연간 1,680만 원×200만 명(예상 외국인노동자 최대치) = 33조 6000억 원.

우리나라 GDP가 2014년 말 기준 1조 4,495억 달러이다.[49]평균환율은 1053.2원, 원화로 환산한 GDP는 약 1,376조 원이다. 송금 금액과 외국인 노동자의 수를 보수적으로 적용했을 때 GDP의 1.3%, 넉넉하게 적용해 보면 2.4%까지나 된다.

작년 우리나라 경제성장률이 3.3%였다. 2012~2013년도에도 2~3% 성장에 불과했다. 물론 외국인 노동자를 국내 노동자로 전부 대체한다고 해서 1.3~2.4% 정도의 경제성장이 발생하는 것은 아니다. 그렇

---

49 IMF 2014 통계

지만 최소한 0.5~1% 내외의 잠재성장률을 외국인 노동자가 잡아먹은 것으로는 이해할 수 있다.

매년 18조~33조 원이 내수로 풀렸다고 생각해 보자. 평창올림픽을 개최하는 데 13조 원이 필요하다. 매년 평창올림픽을 개최하고도 남는 돈이다. 매년 4대강 사업을 다시 할 수 있는 금액이다. 송파 세 모녀가 그렇게 슬픈 편지를 쓰고, 저세상으로 가는 걸 막을 수 있는 금액이다.

처음에 외국인 노동자를 수입하는 정책은 국가백년지대계國家百年之大計는 안중에도 없는 근시안적 정책이었다. 우리보다 임금이 높은 일본도 외국인 노동자를 함부로 수입하지 않는다. 3D 업종은 환경미화원의 예에서 보듯이 서서히 임금과 근무 여건 개선을 했어야 했다. 연봉 3,500만 원에 62세 정년 보장이 된다면 더럽고, 힘든 일에도 경쟁률이 50:1이 넘는다. 임금과 근무 여건이 좋아지니 이제는 환경미화원을 3D 업종이라 부르지도 않는다.

외국인 노동자를 수입하는 데 조금이라도 더 신중했더라면 학생의 80%가 대학을 가지 않아도 됐을 것이다. 유치원 때부터의 무한 경쟁이 지금같이 심해지지는 않았을 것이다. 내수의 부진도 이렇게까지 꼬이지는 않았을 것이다. 또한 대기업과 국민 사이의 부익부 빈익빈이 이렇게까지 심해지지는 않았을 것이다. 월 100만 원대로는 우리 젊은 이들이 우리 땅에서 희망을 키울 수 없다. 정말 밥만 먹고 사는 금액과 열악한 근무 환경인데 어떻게 불구덩이인 줄 아는데 들어가라고 할 수 있을까?

우리는 신자유주의의 바람을 노동시장에서부터 맞았다. 그리고 노동시장이 완전히 왜곡됐다. 부지불식간에 외국인 노동자가 우리 사회에 꼭 필요한 존재인 것으로 세뇌되어 왔다. 외국인 노동자 150만 명 이상이 소득 1분위[50]를 지난 10여 년간 장악해왔다. 왜 지난 10여 년간 우리 국민들의 임금은 오르지 않았을까? 소득 1분위에 더 이상 임금을 올려줄 필요가 없는 외국인 노동자들이 자리하고 있기 때문이다. 소득 1분위의 임금을 올려줄 필요가 없기 때문에 2분위, 3분위, 그 차상위 분위도 임금이 오르지 않은 것이다.

비정규직 문제도 곰곰이 생각해 보자. 비정규직이 생긴 지 10여 년이다. 외국인 노동자의 본격 수입 시점과 맞아 떨어진다. 상식적인 수준에서 생각해 보자. 고용주 입장에서는 200만에 가까운 싼값의 대체재가 있기 때문에 굳이 정규직 채용을 할 필요가 없다. 여러분들은 지난 10여 년간 직급 상승으로 오른 거 말고 급여가 얼마나 올랐는가? 외국인 노동자의 나비효과로 당신의 임금은 앞으로도 오르기 힘들지 모른다.

---

50 소득분위는 통계청이 우리나라 전체 가구를 분기 소득수준에 따라 10%씩 10단계로 나눈 지표를 말하며, 1분위가 소득수준이 가장 낮으며 위로 올라갈수록 높아진다. 한경경제용어사전 참고.

··· 신자유주의 ···

　우리가 절대 빈곤에서 벗어난 1985년 대비 10배 이상 국민소득은 늘었지만 삶의 질은 오히려 후퇴해 왔다. 그래서 우리 국민소득이 6만 불이 된다고 해서 우리가 갑자기 행복해질 것 같지는 않다. 신자유주의 시대에서 부익부富益富 빈익빈貧益貧은 어쩔 수 없는 대세이기 때문이다. 내가 우리나라 1인당 국민소득이 3만 불에서 멈춰도 좋다고 생각하는 것도 이 점 때문이다. 이제는 성장도 좋지만 성장의 과실이 사회 곳곳에 골고루 퍼지는 게 더 중요하다. 사회 전체가 균형을 이뤄야 지속 가능하다. 너무 지나친 쏠림은 사회의 불안정과 함께 불안정한 큰 변혁으로 이어질 가능성이 크다.

　자본주의 역사의 시발점과 자본주의의 형태, 사조에 따른 분류는 학자마다 다양하다. 자본주의를 한마디로 정의하기가 어렵고, 학자마다 이를 바라보는 시각의 차이가 심하기 때문이다. 나는 이해가 쉽게 세 가지로 나눠서 자본주의의 흐름을 말씀드리고자 한다.

　그 유명한 스코틀랜드의 학자 아담 스미스(Adam Smith)는 1776년에

'국가의 부富의 본질과 원천에 대한 탐구(An Inquiry into the Nature and Causes of the Wealth of Nations)', 일명『국부론國富論』을 저술했다. 많은 학자들이 최초의 근대적 경제학을 정립한 책으로 인정한다.

아담 스미스는 근대사 3대 혁명을 경험하면서 그의 경제학적 사고를 정립하게 된다. 그는 1776년 미국독립전쟁, 프랑스 대혁명, 영국의 산업혁명이란 대격변을 동시에 겪었다. 미국 독립전쟁은 영국의 중상주의적 식민지 체제의 붕괴를, 프랑스 대혁명은 봉건제가 더 이상 지속되기 어렵다는 것을 보여주었고, 그의 경제관에 영향을 주었다. 또한 영국의 산업혁명은 본격적인 자본주의의 개막을 예고하는 것이었다. 영국은 산업혁명을 통해 생산성이 높아지자 자유무역정책을 추진했다. 이 3대 혁명은 국부론의 내용에 깊은 영향을 주었다. 그는 국부론을 통해 봉건제와 중상주의 정책을 비판하고, 자유주의의 합리성을 얘기하고자 했다.[51]

국부론에서 그는 '보이지 않는 손(the invisible hand of the Jupiter)'에 의해 시장이 작동한다고 했다. 이 보이지 않는 손은 개인의 자유로운 선택이 사회 전체의 이익과 일치되도록 움직이게 한다. 신神의 신神인 주피터(Jupiter)[52]가 보이지 않는 손을 이용해서 모든 경제활동의 규칙적인 움직임을 원활하도록 조종한다고 봤다. 즉, 이 보이지 않는 손은 자유경쟁시장에 있어서 정부 등 외부의 개입이 필요 없는 '자유방임 경제'가 필요함을 강조했다.

아담 스미스의 '국부론' 이후 자본주의는 자유방임주의로 흐르게

---

51 고영복 지음,『세계의 사상』, 사회문화연구소, 2002를 참조해 정리했다.

52 그리스 신화에서는 '제우스(Zeus)'라 불린다.

됐다. 그러나 이런 자유방임이 지속되자 자본주의 내에 심각한 문제들이 발생하기 시작했다. 자본가와 노동자의 괴리 등 강자와 약자의 힘의 차이가 커지기 시작한 것이었다.

이에 대한 반발로 반자본주의 성향에서는 마르크스의 자본론이 나왔고, 이는 공산주의로 이어졌다. 자본주의 내에서는 자유방임의 폐해에 대한 반성으로 케인스(Keynes) 경제학이 나왔다. 케인스 경제학은 세계 대공황 이후 자본주의를 채택한 많은 나라의 경제정책의 근간이 되었다. 미국과 영국 등 케인스 이론을 도입한 수정자본주의를 채택해 정부가 시장에 적극적으로 개입해 자유방임의 폐해에 대처하고자 했다. 이를 통해 소득평준화와 완전고용을 지향해 복지국가를 건설하고자 했다. 케인스 경제학은 이후 자본주의의 황금기와 함께 하게 된다.

그러나 케인스 경제학은 1970년대 이후 세계적인 불황이 번지면서 공격받게 된다. 장기적인 불황의 원인이 케인스 이론에 기반한 경제정책이 실패한 결과라고 지적하며 대두된 것이 신자유주의 이론이다. 시카고 학파로 대표되는 신자유주의자들이 닉슨과 레이건 정부에서 활약하며 신자유주의 이론이 경제정책에 반영되기 시작했다. 신자유주의는 자유시장과 규제완화를 중요시한다. 신자유주의론자들은 정부의 시장개입을 완전히 부정하지는 않지만 정부의 개입이 오히려 경제의 효율성을 악화시키는 것으로 주장해 공기업의 민영화에 영향을 미치기도 했다. 소극적인 통화정책, 국제금융의 자유화는 지향하되 공공복지제도의 확대는 정부의 재정확대와 근로의욕 감퇴를 일으켜 복지병을 불러오는 것으로 주장하며 복지확대에 대해서는 반대의 입장에 섰다.

신자유주의자들은 자유무역과 국제적인 분업을 지지해 시장개방을 주장하는데, 이른바 '세계화'나 '자유화'도 신자유주의가 만든 것이다. 세계무역기구(WTO)나 우루과이라운드(UR) 같은 다자간 경제협력 기구도 신자유주의의 산물이다. 신자유주의가 도입됨에 따라 케인스 이론에서의 완전고용은 노동시장의 유연화로 바뀌게 되고, 정부가 관장해오던 영역이 많은 부문에서 민영화되었다. 강한 자유방임을 통해 비능률, 비효율적인 부분이 제거되는 긍정적인 면도 있지만 약자에 대한 보호막마저 없어져 빈부격차가 확대되고, 불황과 실업의 부정적인 면이 강하게 부각되었다.[53]

이렇게 자본주의는 자유방임 자본주의에서 국가의 시장 개입을 강조하는 케인스의 수정자본주의로 바뀌었다. 케인스 경제학도 세계적인 불황이 발생하자 또 다시 자유방임을 강조하는 신자유주의로 바뀌게 되었다. 신자유주의는 쉽게 말하면 정부 규제를 시장에서 덜어냄으로써 시장을 약육강식의 정글로 만들어 버렸다. 경제적 효율성만을 강조했지 경제 정의에 대해서는 외면해버렸다. 우리나라는 IMF를 겪으면서 타의에 의해 신자유주의가 대세가 돼 버렸다. IMF 이후 발생한 극심한 부익부 빈익빈은 신자유주의의 또 다른 이름이다.

심각한 부익부 빈익빈은 우리나라만의 문제는 아니다. 세계 최고의 경제력을 보유한 미국도 신자유주의가 대세가 된 이후 양극화 문제로 어려움을 겪고 있다. 아래는 미국의 중산층 파괴에 대한 기사다.

---

53 '신자유주의'에 대해서는 두산백과를 참조해 정리했다.

美 중산층 46년 새 10%P 사라졌다.

버락 오바마 미국 대통령이 최근 국정연설에서 부자 증세를 통해 적극 지원하겠다고 강조한 중산층이 40여 년 새 10% 포인트나 줄어든 것으로 나타났다. 뉴욕타임스(NYT)는 26일(현지시간) 인구통계국과 미네소타 인구센터의 자료를 분석해 연 소득 3만 5000달러 ~10만 달러(약 3,785만 원~1억 813만 원)에 해당하는 가정을 중산층으로 보고 이들의 특징을 분석했다.

NYT에 따르면 이 같은 연 소득 계층이 전체 가구에서 차지하는 비율은 인구통계국이 가계소득 조사를 시작한 1967년 53%였으나 해마다 줄어들어 2013년에는 43%(5,300만 가구)로 떨어졌다. 46년 만에 10% 포인트나 감소한 것이다.

중산층 이탈의 원인도 달라졌다. 과거에는 가계소득이 늘어나면서 고소득층으로 진입하는 경우도 상당히 있었으나 2000년대 들어서는 실업 등 때문에 저소득층으로 전락하는 경우가 더 많은 것으로 조사됐다.

NYT는 지난해 12월 실시한 여론조사에서는 응답자의 60%가 스스로 중산층이라고 생각하면서 "열심히 일하면 부자가 될 것이라고 생각한다"고 밝혔다고 전했다. 그러나 이번 분석에서는 "부자는 더 부자가 되지만 중산층은 제자리에 머물 가능성이 있다"고 관측했다.[54]

---

54 서울신문, 김미경 기자, 〈美 중산층, 46년 새 10% P 사라졌다〉, 2015. 1. 28. 기사에서 발췌.

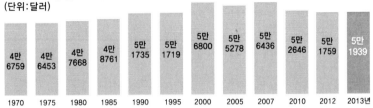

미국 가계의 중간소득 변화 추이
(단위:달러)

1970	1975	1980	1985	1990	1995	2000	2005	2007	2010	2012	2013년
4만 6759	4만 6453	4만 7668	4만 8761	5만 1735	5만 1719	5만 6800	5만 5278	5만 6436	5만 2646	5만 1759	5만 1939

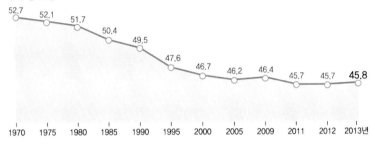

미국 중산층이 전체 소득에서 차지하는 비중 (단위:%) *중산층은 소득 순위 20~80%에 있는 계층

1970	1975	1980	1985	1990	1995	2000	2005	2009	2011	2012	2013년
52.7	52.1	51.7	50.4	49.5	47.6	46.7	46.2	46.4	45.7	45.7	45.8

미국 가계의 중간소득 변화 추이와 미국 중산층이 전체 소득에서 차지하는 비중[55]

　전 세계적인 양극화가 심화되고 있다. 역사의 흐름을 보면 문제가 극심해지면서 그에 따른 반발이 나왔고, 시대 상황에 맞는 새로운 사조를 채택했다. 신자유주의는 우리 스스로가 채택한 것이 아니다. 1990년대 미국 등에서 신자유주의의 흐름이 강했지만 우리는 버텨냈다. IMF 외환 위기 이후 어쩔 수 없이 풀어낸 빗장이었다.

　그 이후 우리 사회는 90년대보다 못한 삶을 살고 있다. 평균적인 물질적 풍요는 커졌을지 몰라도, 그러한 부가 극소수 일부 계층에게로

55　세계일보, 국기연 기자, 〈상위 1%가 소득증가분 95% 독식, 美도 중산층이 무너진다〉, 2015. 2. 22 기사에서 발췌, 자료: 미국 센서스국.

만 돌아갔다. 90년대 중반 1만 불 시대보다 못한 3만 불 시대에 살고 있다. 우리가 90년대의 향수에 빠지는 것도 그 때문일 것이다.

신자유주의는 강자의 논리다. 절대 다수의 약자는 원하지 않는다. 신자유주의는 강자의 마음이 바뀌어야 바뀔 수 있는 논리다. 우리의 강자들이 중용의 마음을 가진다면, 강자와 약자와 하늘이 맞닿아 있는 존재임을 다시 생각해본다면 매우 쉽게 풀릴지도 모른다. '기적적으로' 그런 자연스러운 변화가 있기를 바란다. 만약 강자 스스로의 변화가 없다면 신자유주의를 대체할 또 다른 사조가 나타날 것이다. 역사는 그렇다고 얘기하고 있다. 이번에는 아마 매우 과격한 형태로 나타날지 모른다. 19세기 말 자유방임의 폐해가 극에 달했던 때와 지금은 크게 다르지 않다.

··· 부자 증세와 선별적 복지 ···

『장자莊子』의 제물론齊物論에 나오는 이야기이다. 송宋나라에 저공狙公이라는 사람이 있었다. 저狙란 원숭이를 뜻한다. 저공은 많은 원숭이를 기르고 있었는데 그는 가족의 양식까지 퍼다가 먹일 정도로 원숭이를 좋아했다. 그래서 원숭이들은 저공을 따랐고, 마음까지 알았다고 한다. 그런데 워낙 많은 원숭이를 기르다 보니 먹이를 대는 일이 날로 어려워졌다. 그래서 저공은 원숭이에게 나누어 줄 먹이를 줄이기로 했다. 그러나 먹이를 줄이면 원숭이들이 자기를 싫어할 것 같아 그는 우선 원숭이들에게 이렇게 말했다. "너희들에게 나누어 주는 도토리를 앞으로는 '아침에 세 개, 저녁에 네 개朝三暮四'씩 줄 생각인데 어떠냐?" 그러자 원숭이들은 하나같이 화를 냈다. '아침에 도토리 세 개로는 배가 고프다'는 불만임을 안 저공은 '됐다' 싶어 이번에는 이렇게 말했다. "그럼, 아침에 네 개, 저녁에 세 개朝四暮三씩 주마." 그러자 원숭이들은 모두 기뻐했다고 한다.[56]

---

56 [네이버 지식백과] 조삼모사朝三暮四 (한자성어 · 고사명언구사전, 2011. 2. 15., 이담북스)

만화 패러디로도 유명한 조삼모사의 고사故事다. 어떤 사건에 대해 깊은 이해와 생각이 없어 남에게 이용당하는 어리석음을 비꼬는 얘기다. 우매한 원숭이들이 자기 자신만의 생각을 갖지 못하니 상황 판단을 제대로 하지 못해 일어나는 일이라고 할 수 있다. 그런데 이 고사가 원숭이에게만 해당하지는 않다. 옛날 얘기만은 아니다. 바로 우리 주변에서 일어나고 있다.

최근 한 지방자치단체장이 전면적 무상급식을 중단하고, 선별적 무상급식을 시행하겠다고 발표했다. 그 단체장은 유상급식을 하는 대신 그 재원으로 서민 자녀 교육지원사업을 하겠다고 했다. 복지 재원이 부족하기 때문에 선택과 집중을 해 서민층을 좀 더 지원하자는 것이다. 이에 대한 파장이 작지 않았다. 한 정당에서는 이 단체장을 찾아가 전면적 무상급식을 재개할 것을 강하게 요구했고, 그 장면이 뉴스 화면을 통해 보도되었다. 일부 학부모는 등교 거부를 하는 것으로도 보도되었다.

그런데 나는 이게 이해가 안 됐다. 서민의 정당을 표방하는 한 정당과 우리 일부 학부모가 조삼모사를 하고 있는 것이다. 그들을 비난하고자 이 말을 하는 게 아니다. 진영 논리에만 빠지면, 혹은 자신의 생각이 없으면 이런 말도 안 되는 실수가 나올 수 있다는 점을 지적하고 싶다.

서민들은 부자 증세에 대체로 찬성하는 편이다. 빈부 격차가 심해진 현재, 부자 증세의 필요성은 나도 충분히 공감한다. 당연히 필요한 조치라고 생각한다. 나는 부자 증세에 찬성하는 입장이다. 그런데 가만히 살펴보자. 부자 증세와 선별적 복지는 같은 말이다. 그런데 이를 다른 말이라고 생각한다. 무상급식 중단을 서민 복지의 후퇴로만 생각한다. 부자 증세를 찬성하는 입장의 사람이 선별적 복지를 반대하는 건 바로 조삼모사다.

부자 증세는 말 그대로 부자에게 세금을 더 걷는다는 얘기다. 부자에게 세금을 더 걷으니 부자에겐 세금이 플러스(+)가 되는 상황이다. 선별적 복지는 부자에게 세금을 덜 쓰고, 서민에게 좀 더 쓰겠다는 얘기다. 그럼 부자에게 세금의 혜택, 즉 복지가 마이너스(-)가 되는 상황이다. 부자에게 세금을 더 걷는다는 것과 부자에게 세금을 덜 쓰겠다는 것은 결국 같은 말이다. 말만 바꾼 것이다. 그러나 아쉽게도 이 말이 우리 사회에서는 크게 먹히지 않는 분위기다.

재원이 충분하다면 전면적 무상급식이 답이다. 그런데 우리의 현재 처지는 그렇지 못하다. 경기 침체로 세수는 줄어들고 있고, 살기가 팍팍하니 국민의 조세 저항도 강하다. 나도 세금을 올리는 것은 반대 입장이다. 그렇다면 대안이 있어야 하는데 세금은 올려주기 싫은데 전면적 무상급식만 하라는 것도 답은 아니다. 재원이 한정돼 있다면 선택과 집중이 맞다. 좀 더 어려운 형편에 있는 사람이 더 지원을 받아야 된다. 그렇다면 선별적 무상급식이 답이 될 수 있겠다는 결론이다.

내 말을 진영 논리로 평가하지 말았으면 좋겠다. 나는 여당도, 야당도 아니다. 중도도 아니다. 사안 사안마다 나의 의견이 있는 것이지 여당이라고 해서 혹은 야당이라고 해서 좋아하거나 싫어하지 않는다. 현재 여당의 경제정책에 대해서는 반대의 입장이지만 통일정책은 적극 찬성한다. 야당의 서민 중심 정책은 찬성하지만 파벌주의나 반대를 위한 반대는 반대한다. 경계선에 서 있기 때문에 고립감과 모호함, 불안감을 느낄 수는 있다. 그래도 나는 나로서 존재해야 한다. 나만의 의견을 말할 수 있어야 한다. 내 삶을 내 방식대로 살 수 있어야 한다.

···통일 대박론···

2014년 1월 신년기자회견에서 박근혜 대통령은 '통일 대박론'을 얘기했다. 같은 해 3월에는 독일 드레스덴에서 대북 3대 제안[57]을 하면서 통일에 대한 관심을 지속적으로 표명했다. 또한 2014년 7월에는 대통령 직속 자문기구로 통일준비위원회를 발족시켰다. 외교안보, 경제, 사회문화, 정치, 법제도 4개 분야에 민간위원 30명, 전문위원 31명을 두고, 민관 협력을 통한 체계적 통일 준비를 하는 것으로 보도되었다.

이에 따른 찬반의 갑론을박이 있었다. 각각의 입장에서 얘기하는 것을 들어 보면 다 합리적인 이유가 있었다. 그런데 나는 여러 가지 상황을 종합해 볼 때 박 대통령의 통일 대박론이 적절한 시기에 잘 나왔다고 생각한다. 우리의 지금 힘든 상황을 타개해나가는 데 통일

---

57 드레스덴 선언으로 불리기도 한다. 박근혜 대통령이 2014년 3월 28일 독일 드레스덴 공대에서 〈한반도 평화통일을 위한 구상〉이라는 제목으로 발표한 대북 원칙을 말한다. 평화통일 기반을 조성하기 위해 ▲남북 공동 번영을 위한 민생인프라를 구축하고 ▲남북 주민의 인도적 문제를 해결하며 ▲남북 주민 간 동질성을 회복한다는 목표를 담고 있다. 시사상식사전, 박문각.

만큼 유용한 이벤트는 없다고 생각하기 때문이다. 정부에서 세부적인 계획을 짜고 있을 것이다. 통일 후 어떤 정책을 펼지에 대한 세세한 시나리오를 짜고 있을 것이다. 다만 공개할 수 없는 상황이라고 생각한다. 정부의 통일 시나리오에 기대가 크다.

통일에 대한 갑론을박이 많은데 나도 의견을 하나 추가하고 싶다. 내가 바라는 통일의 방향이다. 물론 내가 생각하는 대로 통일이 되지는 않을 것이다. 그런데 통일에 대한 좋은 아이디어를 서로 내다 보면 정말 최적의 통일 방안이 나오지 않을까 생각한다. 그래서 나도 하나의 아이디어를 내고 싶다.

통일의 상황이 되면 국가 체제는 반드시 1국가 2체제로 해야 한다. 대한민국 1국가 안에 대한민국과 북한(가칭)이라는 2체제로 가야 한다. 독일보다는 중국이 홍콩과 마카오를 흡수한 방식의 통일이 필요하다. 10년이 됐건, 20년이 됐건 1국가 2체제의 시기는 꼭 필요하다.

첫 번째 이유는 사회적 혼란의 방지를 위해서다. 북한의 난민이 남한으로 넘어오기 시작하면 엄청난 혼란이 발생할 수밖에 없다. 우리는 북한의 난민을 받을 준비가 되어 있지 있다. 그들을 수용할 곳도 마땅히 없다. 그래서 현재의 휴전선은 한 나라 안의 국경선으로 전환해야 한다. 비자 발급을 통해 교류 인원을 처음에는 제한해야 한다. 중국과 홍콩도 비자 발급을 받아야 서로 왕래할 수 있다. 대신 이산가족같이 시기를 다투는 사안은 무조건 교류하도록 해야 한다.

이건 남한의 혼란을 방지하기 위해서도, 북한의 혼란을 방지하기 위해서도 필요하다. 갑자기 많은 남한 사람이 북한으로 가도 북한은 혼란에 빠질 것이다. 아직 우리 남과 북은 직접적인 교류를 한 경험이 너무도 적다. 통일이 됐다고 국경을 열어버리면 남도 북도 모두 힘들어질 수밖에 없다.

중국은 홍콩을 흡수한 후 1국가 2체제를 시행했다. 중국과 홍콩은 사회주의와 자본주의로 서로 100년 동안 단절돼 있었다. 중국이 홍콩을 완전 흡수했다면 홍콩의 부자들은 대부분 외국행을 택했을 것이다. 1국가 2체제 때문에 홍콩 주민들은 거의 대부분 홍콩에 잔류했다. 물론 일부 부자들은 홍콩을 떠났지만 극소수에 불과하다. 중국이 홍콩과 마카오를 바로 흡수하지 않은 건 탁월한 선택이었다. 그들은 조급해하지 않았다.

두 번째 이유는 경제적인 문제 때문이다. 만약 독일같이 완전 흡수 방식을 택한다면 경제적으로 큰 어려움이 올 것이다. 서독은 그 막강한 경제력에도 동독을 흡수한 후 10여 년간 많은 비용과 대가를 치러야 했다. 통일 후유증이 상당히 오래갔다. 통일 당시 서독 인구는 동독 인구의 4배였다. 남과 북의 인구 차이는 2배에 불과하다. 4명이 1명을 지원하는 게 2명이 1명을 지원하는 것보다 수월하다. 그래도 서독은 고생했다. 당시 동서독 1인당 GDP는 1.6배 정도밖에 차이가 나지 않았다. 남과 북은 30배 이상 차이가 난다.[58] 완전 흡수 통일을 할 수 있는 여건이 절대 아니다.

통일 비용 문제에 대한 의견이다. 통일 후에 남한의 국민에게 통일

---

58 2013년 북한의 1인당 GDP는 853불로 추정된다. 현대경제연구원.

세를 부과하는 것은 최소화해야 한다. 그래야 국민들이 통일을 마음에서 반길 수 있다. 통일을 반대하는 사람의 대부분은 통일 비용 문제를 지적했다. 지금 우리도 살기가 힘든데 헐벗고, 굶주린 북한을 흡수해 버리면 우리가 더 살기 힘들어질 것이라는 것이 다수의 의견이다. 통일세금 때문에 더 고통을 받을 것을 많이 우려했다. 이런 우려는 불식시켜줘야 한다. 그렇지 않으면 통일을 설득하기 쉽지 않을 것이다.

대신 북한의 토지를 통일 비용에 활용할 수 있다. 다행히도 북한은 사회주의 국가다. 전 국토가 국가 소유다. 북한 주민이 현재 살고 있는 주택은 소유를 인정한다. 그러면 나머지 국토는 통일 비용으로 활용할 수 있다. 이 국유지에 개성공단과 같은 공단을 북한 전역에 만들고, 그 공단 부지를 20~30년 임대 방식으로 국내외 기업에 팔면 된다. 임대 방식이기 때문에 20~30년 후면 다시 국유화된다. 국부 유출에 대한 우려는 없어진다. 공단 부지를 파는 건 어렵지 않을 것이다. 북한은 우수한 인력과 세계 최고의 임금 경쟁력을 가지고 있기 때문이다.[59]

개성공단에서 일하는 북한 노동자의 평균임금은 월 15만 원이 되지 않는다. 세계 최고의 경쟁력 있는 임금이다. 일단 이 저임금으로 전세계의 노동집약적 산업을 유치해야 한다. 저임금을 보고 들어오는 다국적 기업이 많을 것이다. 중국의 개발 초기 사례를 참조하자. 임금

---

59 이 또한 1국가 2체제에서만 가능한 시나리오다. 완전 흡수 통일을 하면 북한의 임금도 급등할 수밖에 없다. 문제는 북한의 임금이 급등해도 남한 수준으로 올라갈 수는 없고, 대신 남한과 같은 물가를 공유하기 때문에 북한 주민들의 생활은 쉽게 개선할 수가 없다. 이럴 땐 남과 북 둘 다 어려워진다.

경쟁력이 있으면 세계의 자본은 움직인다.

또한 중국, 베트남, 인도네시아 등에 나가 있는 우리 기업도 유턴을 할 것이다. 중국에 진출한 우리 기업이 중국에서 고용했던 인원은 100만 명이 넘었었다. 그들이 돌아오면 북한의 노동자를 먹여 살리는 데 큰 힘이 될 것이다.

2007년 전후 중국 노동자의 평균임금은 월 30만 원 정도였다. 2013년 말쯤 되어서는 중국 현지인에게 들은 바로는 월 80만 원 정도까지 올라왔다고 했다. 그런 식으로 점진적으로 임금 현실화를 하면서 북한 노동자의 임금도 올리면 된다.

아직은 1국가 2체제여서 북한의 물가와 남한의 물가는 다르다. 저임금이라도 북한의 물가면 북한 주민들은 현재보다는 훨씬 나은 생활을 할 수 있다. 이미 각자의 주택은 보유하고 있다. 급여는 점점 올라간다. 희망을 가질 수 있는 상황이다. 처음부터 높은 임금을 주면 좋겠지만 그렇게 해서는 국내외 기업을 유치할 수가 없다. 2,500만의 북한 주민에게 일자리를 줄 수가 없다. 안타깝지만 처음에는 고용을 확대할 수 있는 데 초점을 맞춰야 한다. 2,000만이 넘는 실업자를 안고 시작할 수는 없다.

북한이 보유하고 있는 지하자원의 잠재 가치도 막대하다. 이 지하자원이 통일 비용을 대는 데 핵심 역할을 할 것이다. 2010년 말 한국 광물자원공사가 북한 내 지하자원의 잠재 가치를 6천500조 원으로 평가했다. 2012년 민간연구단체인 북한자원연구소의 조사 결과는 더

놀랍다. 북한의 주요 지하자원 가치를 9조 7574억 6천만 달러(약 1경 1천 26조 원)로 추정했다. 편차는 있지만 최소 5,000조 원 이상 최대 1경이 넘는 막대한 가치다.

북한이 이 자원을 개발하지 못하고 있는 것은 철도, 도로, 항만, 전력 등의 인프라 시설 미비가 가장 크다고 한다. 우리 정부가 할 일은 인프라를 깔아주는 것이다. 그러면 최소 5,000조 이상의 가치를 국유화할 수 있다. 정부가 처음에 돈이 없다면 이 지하자원을 담보로 해서 자산담보부 증권(ABS)을 발행해 자금 조달을 해도 된다. 굳이 국민에게 통일세를 걷지 않아도 문제를 풀 수 있다. 통일 비용이 해결되고, 1국가 2체제로 사회의 혼란을 막을 수 있다면 대부분의 국민이 통일을 반대할 이유가 없어질 것이다.

통일이 되고 나면 남한의 일자리도 많이 늘어날 것이다. 경제도 활력을 띨 것이다. 해야 할 일도 많고, 하고 싶은 일도 무궁무진해지기 때문이다. 우선 북한의 인프라 건설로 우리 건설업체들은 다시 살아날 수 있다. 지금 우리 건설업체들은 아파트 분양의 급감과 덤핑 해외 수주의 후유증으로 큰 고비를 맞고 있다. 이들에게 북한은 최고의 기회가 될 수 있다. 북한 전역에 공단을 조성하고, 공단 주변에 택지도 조성하고, 거기에 신도시를 지을 수 있다. 남과 북, 그리고 대륙을 잇는 철도와 도로를 건설할 수 있다. 이것만 해도 엄청난 일자리를 만들 수 있다. 북한에 공단이 대규모로 들어서면 관리자로 많은 수의 남한 사람이 북한에서 일할 수 있게 된다.

중국, 러시아와 국경을 맞대고 있으면 국경무역이 활발해질 수 있다. 세계지도를 보면 러시아와 중국 주변 국가 중에 선진국이라 불릴 만한 나라가 없다. 우리와 국경을 맞댄 중국 동북 3성과 러시아 연해주 지방은 대한민국 경제권에 포함될 수 있다. 우리가 하기 나름이다. 정말 좋은 기회가 많이 생길 수 있다.

희토류를 포함한 광업의 활성화도 새로운 기회이다. 지하자원은 통일 비용으로 쓴다 하더라도 광산을 운영하는 데는 많은 인력과 장비, 추가 탐사를 위한 시설 투자 등으로 연관 산업이 크게 활성화될 수 있다. 사실 남한에는 광업이라고 부를 게 거의 없다. 없는 산업이 우리에게 하나 추가된다. 이것도 새로운 기회다.

북한의 미사일 기술은 우리 남한이 자력으로 우주탐사 로켓을 쏠 수 있는 기회를 제공할 것이다. 굳이 러시아에 손 벌려 가며 따로 배울 필요도 없겠다.

관광산업도 획기적인 전기를 맞을 수 있다. 철도와 도로가 대륙과 연결되면 중국과 러시아, 혹은 유럽 본토에서도 관광객이 육로를 통해 들어올 수도 있다. 1국가 2체제라도 도로, 철도 이용에 한해 비자를 면제하는 방법 등을 쓰면 된다. 통일 초기에는 인구 이동에 강한 통제를 하겠지만 시간이 흐를수록 남과 북의 교류 인원은 급증할 것이다. 이에 맞춰 북한 관광을 하러 가는 남한 사람도 늘어날 것이다. 사회주의 국가의 마지막 향기를 맡을 수 있는 평양은 세계적인 관광지가 될 수도 있다. 이것도 우리 하기 나름이다.

포스코 같은 세계적인 철강회사는 굳이 인도에다 수조 원을 들여 제철소를 짓지 않아도 된다. 북한의 철광석 광산 옆에다 공장을 지으면 된다. 삼성전자도 베트남에 핸드폰 공장을 확장할 필요가 없다.

LG도 중국에다 디스플레이 공장을 만들지 않아도 된다. 손재주는 우리나라 사람이 훨씬 더 좋다. 북한의 공단을 이용하면 된다.

이런 식으로 우리가 하고 싶은 일들을 다양한 창의성을 발휘해서 해볼 수 있다. 이렇게 20년쯤 지나면 남과 북은 완전 통일을 할 수 있다. 중국이 저개발 상태에서 지금까지 올라온 건 20여 년 정도밖에 안 걸렸다. 남한이 도우면 북한은 20년 내에 생활수준을 많이 올릴 수 있다. 남한은 현재의 북한 정도의 경제 수준에서 지금의 선진국 수준까지 올라왔다. 밑바닥부터 개발해 본 경험이 있다. 이렇게 남과 북은 서로 도우며 살아갈 수 있다.

다만 완전 통일의 과정에서, 남한 사람이 북한 사람에게 쓸데없는 우월의식으로 그들의 자존심을 건드려서는 안 된다. 이런 게 만약 쌓이면 정말 남과 북은 남남이 된다. 독일과 오스트리아처럼 같은 언어를 쓰는 완전히 다른 두 나라가 될 수밖에 없다. 이건 기본 에티켓이니 우리가 잘 지킬 것이다.

우리는 통일을 하면 무엇보다 2,500만 동포를 얻게 된다. 인구 감소의 심각한 변곡점에 있는 우리에게 이보다 더한 자원이 없다. 이런 경제적인 이익뿐만 아니라 둘이었던 하나가 진짜 하나가 되는데 이것보다 더 좋은 것이 있겠는가? 요즘 유행하는 말로 우리는 '완전체'의 대한민국으로 다시 뭉칠 수 있어 그것이 제일 좋다. 우리는 이제 곧 인구 8,000만의 대륙 강대국이 된다. 남과 북이 다 함께 잘살 수 있는 나라가 된다.

··· 시민 케인과 로즈버드 ···

〈시민 케인(Citizen Kane)〉은 1941년 올슨 웰즈(Orson Welles)가 감독, 각본, 주연한 영화다. 아카데미 각본상을 수상했는데 당시 웰즈의 나이는 24세에 불과했다. 세계 영화 전문지에서 세계 100대 영화를 선정하면 어디에서든 1~2위를 다투는 위대한 영화다. 70년이 넘은 영화지만 지금 봐도 옛날 영화라는 느낌을 크게 받지는 못한다. 만약 이 영화가 컬러판이었다면 70년 전 영화라고는 도저히 생각하지 못할지도 모른다. 그 옛날에 지금 영화에서 쓰는 영화 기법의 상당 부분을 처음 도입한 영화이기 때문이다. 그래서 영화를 처음 배우는 학생들에게는 교과서 같은 작품이다.

제작 기법에서의 탁월성이 〈시민 케인〉을 최고의 영화 반열에 올려놓았다. 그런데 나는 이 영화의 스토리가 마음에 든다. 내가 지금껏 얘기한 원뿔 혁명의 필요성을 적절히 보여주는 영화이기 때문이다. 이 영화는 당시에는 드물었던 과거 회상 방식으로 이야기를 풀어낸다.

언론 재벌 찰스 포스터 케인은 자신의 대저택 제나두(Xanadu)[60]에서 쓸쓸히 죽음을 맞는다. 당시 70세인 케인은 손꼽히는 부자였다. 언론 재벌로서 그는 자랑스러운 미국인임을 강조하는 자부심이 강한 사람이었고, 정·재계에 막강한 인맥도 보유하고 있었다. 그는 세상이 부러워하는 모든 걸 가진 사람이었다. 그런데 그는 홀로 죽음을 맞았다. 그는 죽으면서 애절하게 "로즈버드(Rosebud, 꽃봉오리)"를 외쳤다.

잡지 편집장인 록스톤은 그가 죽기 전에 외쳤던 로즈버드의 뜻을 찾고자 했다. 독자들에게 먹힐 만한 얘기이기 때문이다. 그는 그 재벌이 세상에 마지막 남긴 말에 어떤 의미가 있을 것이라고 생각했다. 그래서 그의 과거에 대한 취재가 시작된다.

케인은 가난한 집에서 태어났다. 그러나 어머니로부터 물려받은 폐광산에서 노다지가 쏟아지며 그는 벼락부자가 된다. 성인이 된 케인은 이 돈으로 언론사를 인수한다. 그의 신문사는 승승장구한다. 그리고 다른 신문사를 연이어 인수한다. 계속된 성공으로 그는 재벌 반열에 오르게 된다. 충분한 재력을 가진 그는 대통령의 조카인 에밀리와 결혼을 한다. 권력에도 가까워진 것이다. 부와 권력을 가진 그는 여가수 수잔과 사랑에 빠진다. 부와 권력과 여자 모두 가지게 된다.

그의 욕심은 끝이 없어 주지사 선거에 출마한다. 진짜 권력도 가지고 싶었던 것이다. 그러나 선거에서 수잔과의 부정한 사랑이 발각되며 낙선한다. 계속된 성공을 하다 결국 실패한 것이다. 그 후 에밀리와 이혼을 하고, 수잔과 결혼한다. 이후 수잔의 가수 데뷔를 돕는다.

---

60 이상향, 도원경桃源境을 뜻한다. 그는 도원경에서 쓸쓸히 죽음을 맞게 된다. 아이러니다.

그러나 또다시 실패한다. 이번에는 자신의 언론사 중 가장 큰 신문사를 잃는다. 수잔도 그의 곁을 떠난다.

그는 난폭해진다. 이제 아무도 그의 곁에 있으려고 하지 않는다. 여전히 부자이긴 했지만 그는 그렇게 홀로 죽음을 맞게 된다. 그의 사후에 관리인은 그의 대저택 제나두에서 그의 유품을 태운다. 그의 유품 중에 그가 어린 시절 들고 다녔던 썰매가 불타고 있다. 그 썰매에 적힌 이름이 로즈버드였다.

영화상에서는 로즈버드의 의미를 얘기해 주지 않는다. 어린 시절 타던 썰매 이름이란 것만 알려준다. 해석은 관객의 몫이다. 나는 로즈버드가 케인이 그토록 원했던 진짜 이상향(Xanadu)이라고 생각한다. 그가 살았던 대저택 제나두가 이상향이 아니라 어린 시절의 추억이 그의 이상향이었다고 나는 해석한다. 죽기 전에 하는 말이 그 인생을 대변한다. 자신이 인생을 잘 살았는지 후회로 마감을 하게 되는 건지는 인생의 마지막 말에 담겨 있다.

케인은 처음에 유산의 덕을 보긴 했지만 계속된 성공을 거둔다. '원뿔타기'에 계속 성공한다. 부를 얻었고, 사업에서의 성취감을 얻었다. 대통령과 인척이 되는 권력의 맛도 보았다. 부와 권력 덕분에 아름다운 여자와의 로맨스도 할 수 있었다. 그리고 진짜 권력에까지 욕심을 냈다. 그칠 줄 몰랐던 것이다. 그러다 결국은 실패를 했다. 주사위 던지기에서 결국은 실패의 확률에 자신이 포함된 것이다. 그칠 줄 몰랐던 그는 그 이후 모든 걸 잃게 된다. 물론 재산은 남았지만 이제 그에게 재산은 의미가 없다. 가족도, 사랑도, 주위의 사람도 그를 버렸다.

그가 죽기 전에 생각한 이상향은 결국 어린 시절로 돌아가고 싶다는 얘기였다. 어린 시절에 그는 아무것도 가진 게 없었다. 그러나 그 세계적인 재벌에게는 그 아무것도 없던 시절이, 어릴 때의 순수한 시절이 제일 행복했던 시절이었던 것이다. 그는 성공의 윈뿔을 타면서 자신에게 정말 소중한 게 뭔지를 잊어버렸다. 성공이 그의 눈을 가렸다. 그리고 무한 윈뿔을 탔다. 그가 어느 시점에서 스스로 윈뿔을 내려왔다면 그의 인생은 해피엔딩으로 끝났을 것이다.

우리도 그와 크게 다르지 않다. 내가 지금 무엇을 하고 있으며, 지금 하는 게 내 인생에 무슨 의미인지 생각할 겨를이 없다. 그냥 바쁘게 열심히 사는 게 다다. 사회의 기준이 그것이고, 사회가 그것을 원하기 때문이다. 자신만의 철학, 아니 철학이란 말이 어려우면 자신만의 기준을 가지자. 어려운 삶이지만 균형 감각을 갖자. 인생은 한 번뿐이다. 대재벌 케인처럼 죽기 전에 후회하면 늦다.

디플레이션 시대의 개막

세상 모든 일에는 길吉함과 흉凶함이 같이 있다. 음陰이 있으면 양陽도 있다. 남자가 있으니 여자도 있다. 세상의 이치를 찬찬히 뜯어 보면 오름이 있고 내림도 있다. 항상 좋기만 하고 항상 나쁘기만 하지는 않다. 우리의 아름다운 청춘이 있었다면 분명 늙은 시절도 있을 것이다. 태어남이 있으면 죽음도 있다. 이것은 자연의 이치이고, 자연적 균형이다.

그런데 우리 사회는 균형 감각을 잃고, 한쪽 방향으로만 치닫고 있다. 이 사회 속에 사는 나도 부지불식간에 한쪽 방향으로만 달리고 있었다. 그것이 사람이 사는 방법이라고 생각했고, 다들 그렇게 사니까 그게 당연한 것인 줄 알았었다. 성공하기 위해 욕심을 키워나갔고, 그 욕심의 크기만 한 삶을 사는 게 당연한 것으로 생각했다. 그러면서 내가 누구인지를 잊어버리고, 나 자신을 잃었다. 그러면서 우리 모두가 힘겨워하고 있다. 분명 혁신적인 변화가 필요한 시기이다.

앞으로 우리는 조금 더 힘든 시기를 보내야 할지도 모르겠다. 미래가 희망적이어서 긍정의 메시지를 보내줘야 할 텐데 시대의 큰 흐름은 당분간 그렇지 못할지도 모르겠다는 생각이 든다.

지난 60여 년간 우리 인류는 인플레이션(inflation) 시대를 살아왔다. 사실상 지금 지구상에 살아 있는 사람들은 대부분 인플레이션만 경험한 것이다. 그래서 인플레 시대가 당연한 것으로 생각하는 경우가 많다. 인플레이션은 쉽게 얘기해서 모든 자산(부동산, 주식, 상품 가격 등 시세가 있는 모든 물건) 가격이 시간이 지나면 오른다는 것이다. 즉, 물가物價가 시간이 흐르면서 오르는 현상이다. 우리 몸에 익숙한 현상이다. 그런데 세상이 바뀌어서 시간이 흐를수록 자산 가격은 위축되고, 물가가 하락하는 현상을 겪게 될 가능성이 높아졌다. 우리가 경험해 보지 못한 또 하나의 전대미문前代未聞의 현상이다. 바로 디플레이션(deflation)이다.

디플레이션이 무서운 이유는 악순환(vicious circle)의 시작이기 때문이다. 물건 가격이 떨어지면 기업은 투자를 주저한다. 투자보다는 현금 보유를 선호하게 된다. 투자의 부진은 고용의 감소로 이어진다. 고용의 감소는 소비의 감소로 이어진다. 소비의 감소는 기업의 매출 악화로 이어지게 되며 추가 투자는 엄두를 내지 못하게 된다. 이렇게 축소 경제가 진행된다. 경제는 심리라고 했다. 심리가 악화되면 주머니를 더욱 열지 않게 된다. 한번 악화된 심리는 일으키기가 매우 어렵다. 일본이 그렇게 잃어버린 20년을 겪었다.

미국의 GDP 대비 총부채 비율[61]

위 도표는 지난 100년간의 미국 GDP 대비 총부채 비율의 흐름이다. 우리나라에는 100년간의 통계치가 없어서 미국 지표를 참조했다. 미국의 경우와 우리나라의 경우가 다르다고 할 수도 있다. 그러나 미국 경제가 세계 경제에서 차지하는 비중이 20%가 넘고, 미국 경제의 부침에 따라 세계 경제와 우리나라 경제의 흐름이 크게 좌우되는 경우가 많기 때문에 대용물(proxy)로서는 크게 흠이 되지는 않는다고 본다.

도표를 해석해 보자. 총부채란 가계, 기업, 정부의 부채를 모두 합한 것이다. 일반적으로 인플레이션 시대에 부채가 늘어난다. 왜냐하면 시간이 지남에 따라 물가와 자산 가치가 오르기 때문에 부채를 일

61 세일러 지음, 『착각의 경제학』, 위즈덤하우스, 2013, 163쪽. 1948년 이전 자료는 마크 파버 지음, 구홍표, 이현숙 옮김, 『내일의 금맥』, 필맥, 2010, 161쪽. 1949년 이후는 Fed의 자료를 세일러가 가공해 덧붙였다.

으켜 자산을 취득하는 게 부채에 대한 이자를 내는 것보다 유리하고, 화폐가치 하락의 위험을 피할 수 있기 때문이다. 지금까지 우리 부모 세대들이 부채를 일으켜 집을 사서 돈을 벌어왔던 방법이다. 시세 차익이 워낙 크기 때문에 부채에 대한 이자는 크게 걱정하지 않았다.

도표는 시기별로 구분 가능하다. 1910~1930년까지는 부침은 있지만 부채가 급증하는 시기다. 부채 증가 흐름이 선형(linear)이 아니라 계단식으로 급증(quantum jump)한다. 그러다 대공황이 발생했다. 감당할 수 없는 수준까지 부채가 급증한 후에 버블이 터진 것이다.

이후 1930~1950년까지 20년간 디플레이션 시대가 왔다. 이 시기를 경제활동인구로서 경험한 사람이 현재에는 미국에서도 드물다. 현재 80~90세의 노인들만 이 시기를 경제활동인구로 경험했기 때문이다. 그래서 디플레이션이 얼마나 고통의 시간인지를 증언해 줄 사람이 많지 않다.

1950~1980년까지 30년간은 완만하지만 인플레이션 시대였다. 1980~2010년까지는 인플레이션의 정도가 심해 보인다. 본격적으로 신용(credit), 즉 부채의 시대가 시작되었기 때문이다. 우리나라 경제를 일으켰던 지금의 노년 세대가 주도적으로 경험한 시대다. 사면 오르는 인플레이션 시대였다. 그런데 2009년부터는 총부채가 급속히 감소하는 모습을 보인다. 대세의 흐름상 디플레이션의 시대가 시작된 것이다.

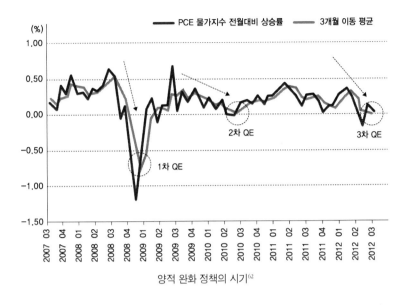

PCE 물가지수 전월대비 상승률 ——— 3개월 이동 평균

양적 완화 정책의 시기[62]

위 도표는 2007년 3분기부터 2012년 3분기까지의 미국 PCE(personal consumption expenditure, 개인소비지출) 물가지수의 추이를 그렸다. 2008년 3분기에 세계 금융 위기가 나면서 물가지수가 급락을 보였다. 버블이 터진 것이다. 그런데 대공황 때와 다른 점은 미국 연방준비은행이 대규모 양적 완화(Quantitative Easing)를 통해 시장에 엄청난 돈을 풀면서 물가를 인위적으로 끌어올린 점이다.

세일러는 PCE 물가지수 3개월 이동 평균이 마이너스가 되는 시점마다 양적 완화 정책을 실시했다고 해석했다. 세 차례의 대규모 양적 완화 정책을 통해 미국의 물가가 하락하는 것은 겨우 막았다. 디플레이션 초입에서 정책적 대응을 잘했다. 일단 미국은 디플레 시대 진입

---

62 세일러 지음, 『착각의 경제학』, 위즈덤하우스, 2013, 172쪽. Fed의 자료를 세일러가 가공.

을 지연시켰다.

미국의 경우 천우신조天佑神助로 때맞춰 대규모 쉐일가스 개발 붐이 일어났다. 미국이 100년은 쓸 수 있는 석유자원을 확보하게 되자 해외로 빠졌던 제조업이 미국으로 돌아오기 시작했다. 이후 경제가 자생적으로 살아나는 조짐을 보이고 있다. 미국은 한숨을 돌렸다. 그렇다고 안심하기는 이르다. 현재 미국을 제외한 나머지 국가들이 디플레 위험에 빠져 있어 언제든 글로벌 위기는 잠재해 있기 때문이다.

반면 유럽은 최근 미국과 같은 방법으로 양적 완화 정책을 펴고는 있지만 사실상 디플레이션에 진입한 것으로 추정되고 있다. 그리스의 유로존 탈퇴 가능성이 추가로 어떤 파장을 일으킬지도 모른다.

일본은 아베 총리 집권 이후에 아베노믹스를 통해 미국의 양적 완화 정책을 따라가려 하고 있다. 그러나 지난 20여 년간 이미 디플레이션을 경험했다. 최근 경제 데이터도 호전기미는 있지만 조금은 더 지켜봐야 할 것 같다. 일본경제가 디플레이션에서 벗어났다고 보기에는 여전히 미흡하다.

문제는 우리나라다. 2013년, 2014년 연간 물가 상승률이 각각 1.3%를 기록했는데 2015년 2월에는 담뱃값 인상분을 제외하면 물가 상승률이 마이너스로 전환했기 때문이다. 물가 추이는 전형적인 하향 추세이다. 디플레이션 시대 진입 초기에 와 있는 것이다.

그러나 원화가 국제통화가 아니기 때문에 미국, 유럽, 일본과 같은 대규모 양적 완화 정책을 할 수가 없다. 정부가 빼든 칼은 부동산 부양책이었다. 그 결과 개인 부채는 1,090조 원(2015년 3월 현재)을 넘어가

역대 최고치를 경신하고 있다. 집값 상승에 대한 기대가 예전만큼 크지 않다 보니 집값은 강보합세에 머무는 반면 전세 가격만 급등했다.

우리는 디플레이션 시대를 앞두고 전세 가격 폭등과 음·식료품의 급등으로 2중고를 겪고 있다. 먹고食 자는住게 비싸다 보니 디플레이션을 믿지 않는 사람이 많다. 그렇지만 경기가 앞으로 호전될 것을 믿는 사람도 많지 않고, 자신의 살림살이가 나아질 것을 기대하는 사람도 많지 않다. 국민의 다수는 경제가 개선될 가능성보다는 위축될 가능성을 더 높게 보고 있다. 이렇게 경기 개선에 대한 기대가 꺾였다는 것 자체가 이미 디플레이션 심리에 빠지기 시작했다는 걸 방증한다. 디플레이션이란 반갑지 않은 손님은 이미 우리 곁에 와 있다.

디플레이션 시대에는 인플레이션 시대에 했던 것을 습관적으로 따라 해서는 위험해진다. 여기에도 균형 감각이 필요하다. 인플레이션 시대와는 반대로 해야 한다. 인플레이션 시대에는 레버리지(leverage, 부채를 활용한 투자)를 많이 일으켜 자산에 투자해 '누가 돈을 많이 버는가'의 게임이었다. 하지만 디플레이션 시대에는 자산 가격 위축 때문에 '누가 돈을 잃지 않는가'로 게임의 법칙이 바뀐다. 그간 부채를 늘려 집을 사서 돈을 벌었다면, 이제는 부채를 줄이고 돈을 잃지 않는 방향으로 가야 고통을 줄일 수 있다. 내가 세상의 기준인 돈과 성공만을 좇는다면 디플레이션 시대에는 더욱 힘들어질 수 있다.

그러나 우리는 이미 1960년대 대비 300배, 1980년대 중반 대비 10배 이상은 잘살고 있다. 아무리 어려워진다고 한들 60년대 보릿고개 시대로 돌아가지는 않을 것이다. 어렵다는 건 타인의 기준을 맞추지

못한다는 정신적인 문제이지, 굶어 죽을 정도의 절대적 빈곤의 문제
는 아니다. 디플레이션 시대에서는 욕심의 크기를 적정한 수준에서
제어해야 버텨낼 수 있다. 인플레이션 시대가 탐욕의 시대였다면 이제
는 그 반대의 현상이 나타날 것이다. 변화의 변곡점에서 우리 민초들
의 삶이 크게 위축되는 일이 없었으면 좋겠다.

이 책은 40여 년간의 내 삶과 사회에 대한 반성의 글이기도 하다.
내가 나를 잃어버리니 뭐가 중요한 가치인지도 모르고 살았다. 중요
한 가치를 모르니 행복도 타인의 기준에 맞춰 살았다. 그렇게 살다 조
금씩 깨어났던 것 같다.

아직 나는 진행형이다. 완전히 깨우친 사람도 아니고, 실수도 허물
도 여전히 많은 사람이다. 그래서 오히려 여러분께 설득력이 있을 수
있겠다고 생각한다. 나와 비슷한 궤적의 삶을 살았던 분들께도 조금
이나마 위로와 희망의 글이 되었으면 좋겠다. 후배 세대에게는 조금
이나마 일찍 자기 자신을 찾고, 보다 행복하게 살 수 있는 계기가 되
었으면 좋겠다.

특히, 후배 세대에는 선배 세대의 탐욕으로 여러분의 미래에 대한
희망을 꺾어 놓은 점에 대해 고개 숙여 참회의 말씀을 드린다. 어른
들이 욕심이 많아 젊은이들이 먹어야 할 것을 다 먹어 버렸다. 그러
고도 반성의 기미는 크게 보이지 않는다. 큰 힘이 되어 주지 못해 정
말 죄송하다.

늦은 밤 야근 후에 퇴근할 때, 술 한잔에 마음의 시름을 달래며 불

렀던 노래가 있다. 내가 살아온 인생을 얘기하는 것 같아 부를 때마다 스스로 짠함을 느꼈었다. 희한한 게 노래로 부르는 거랑 글로 읽는 거는 느낌이 너무 다르다. 여러분도 각자 이런 위로의 노래를 하나쯤은 가지고 계실 거다. 노래도 삶에 큰 위안이 됨을 느낀다.

모두들 힘든 시기이지만 "내일은 더 낫겠지, 그런 작은 희망 하나로 사랑할 수 있다면" 좋겠다. "그리 좋지는 않지만 그리 나쁜 것만도 아닌" 내 인생을 사랑한다. 그리고 "지금껏 달려온 너의 용기를 위해" 외친다. Bravo my life!

브라보 마이 라이프

해 저문 어느 오후 집으로 향한 걸음 뒤엔

서툴게 살아왔던 후회로 가득한 지난날

그리 좋지는 않지만 그리 나쁜 것만도 아니었어

석양도 없는 저녁 내일 하루도 흐리겠지

힘든 일도 있지 드넓은 세상 살다 보면

하지만 앞으로 나가 내가 가는 곳이 길이다

Bravo Bravo my life 나의 인생아

지금껏 달려온 너의 용기를 위해

Bravo Bravo my life 나의 인생아

찬란한 우리의 미래를 위해

내일은 더 낫겠지 그런 작은 희망 하나로

사랑할 수 있다면 힘든 일년도 버틸 거야

일어나 앞으로 나가 네가 가는 곳이 길이다

고개 들어 하늘을 봐 창공을 가르는 새들

너의 어깨에 잠자고 있는 아름다운 날개를 펼쳐라

Bravo Bravo my life 나의 인생아

지금껏 달려온 너의 용기를 위해

Bravo Bravo my life 나의 인생아

찬란한 우리의 미래를 위해[63]

---

63 퓨전재즈그룹 '봄여름가을겨울'의 리더 김종진이 썼다.

참고문헌

- 맥퀘일, 윈달 지음, 임상원 역, 『커뮤니케이션 모델』, 나남, 1988.
- 혼다 켄 지음. 홍찬선 옮김. 『스무 살에 만난 유태인 대부호의 가르침』, 더난출판, 2004.
- 틱낫한 지음, 진우기 옮김, 『힘』, 명진출판, 2003.
- 나심 니콜라스 탈렙 지음, 이건 옮김, 『행운에 속지 마라』, 중앙북스, 2010.
- 세일러 지음, 『착각의 경제학』, 위즈덤하우스, 2013.
- 혜민 지음, 『멈추면, 비로소 보이는 것들』, 쌤앤파커스, 2012.
- 피터 박스올 지음, 박누리 옮김, 『죽기 전에 꼭 읽어야 할 책 1001권』, 마로니에북스, 2007.
- 하임 샤피라 지음, 정지현 옮김, 『행복이란 무엇인가』, 21세기북스, 2013.
- 유시민 지음, 『어떻게 살 것인가』, 도서출판 아름다운사람들, 2013.
- 김경일 지음, 『공자가 죽어야 나라가 산다』, 바다출판사, 2012.

- 강신주 지음,『강신주의 감정수업』, 민음사, 2013.
- 김정운 지음,『나는 아내와의 결혼을 후회한다』, 쌤앤파커스, 2009.
- 오쇼 지음, 손민규 옮김,『이해의 서』, 판미동, 2010.
- 최윤식 지음,『2030 대담한 미래』, 지식노마드, 2013.
- 박종훈 지음,『지상 최대의 경제 사기극, 세대전쟁』, 21세기북스, 2013.
- 고영복 지음,『세계의 사상』, 사회문화연구소, 2002.
- 마크 파버 지음, 구홍표, 이현숙 옮김,『내일의 금맥』, 필맥, 2010.
- 모리야 히로시 지음, 박화 옮김,『중국 3천년의 인간력』, 청년정신, 2004.

참고자료

.
.
.

- 조선Biz, 남민우 기자, 〈韓 행복지수 138개국 중 90위, 1위는 파라 과이〉, 2014.6.04. 기사.
- SBS TV, 하현종 기자, 〈취업 스터디도 어렵다… 청년 실업 백만의 그늘〉, 2015.3.12. 보도.
- 연합뉴스, 국기헌 기자, 〈한국 노인빈곤 OECD 최악, 연금소득은 최하위〉, 2015.3.15. 기사.
- 전북일보, 최명국 기자, 〈환경미화원 고시, 경쟁률 57대1〉, 2015.3.1. 기사.
- 세계일보, 국기연 기자, 〈상위 1%가 소득증가분 95% 독식, 美도 중 산층이 무너진다〉, 2015.2.22. 기사.
- 서울신문, 김미경 기자, 〈美 중산층, 46년 새 10%P 사라졌다〉, 2015.1.28. 기사.

· 통계치, 인물과 사건, 개념을 정의하는 데에는 두산백과, 한국민족 문화대백과, 시사상식사전, 위키백과, 네이버 백과사전, 고사명언구 사전, 아주대 김철환 교수의 '행복지수' 정의, 연세대 염유식 교수의 2010 서울시 행복도 조사, 한국노동연구원, 현대경제연구원, 미국 센 서스국, UN, IMF의 자료를 참조했다.

· 조용필의 '꿈'과 봄여름가을겨울의 '브라보 마이 라이프'의 가사를 인 용했다.